딸과 떠나는
성당 기행

✝ ✝
이 도서의 국립중앙도서관 출판시도서목록(CIP)은 e-CIP 홈페이지
(http://www.nl.go.kr/ecip)에서 이용하실 수 있습니다.(CIP제어번호: CIP2009003899)

딸과 떠나는 성당기행

글/사진 이용재

✝ ✝

design **house**

서문

✝

젊은 신자가 성당을 찾았다.
고해성사.
"신부님, 어제 술을 먹다가 그만 아가씨랑. 너무 아름다움에 취해."
"몸짱에 얼짱이었냐?"
"글쎄 죽이더라니깐요."
"향기도?"
"아유 말도 마세유."
"너 지금 나 약 올리는 거지?"
"아니요. 죄를 사해달라고."
"다음엔 나도 같이 가자."
"아, 예."
"가봐라. 나도 죽것다."
아이고, 내 팔자. 선임 신부를 찾았다.
고해성사.
"신부님 꿈에 자꾸 여자가 나타나네유. 죄를."
"야, 그럼 남자가 꿈에 나타나면 좋것냐?"
"아니요."
"난 인마 꿈에 만날 남자 나타난다. 약 올리지 마라.
소주나 먹으러 가자."
서문 끝.

✝ ✝

"아빠, 이런 얘기 하면 천주교에서 고소하지 않을까. 명예훼손."
"고소하면 고맙지."
"왜!"
"책 대박 나걸랑."
"그럼 감옥 갈 텐데."
"더 고맙지."
"왜!"
"니 용돈 안 줘도 되고. 공과금 안 내도 되고."
"엄마."
"응."
"아빠, 비밀번호 알지?"
"응."
"빨랑 내 용돈 자동이체로 돌려놔. 사고 날 거 같아. 유비무환."
머야 그럼 난.

✝ ✝

계산성당	8
광주가톨릭대성당	18
답동성당	32
동면공소	42
매피성당	56
배론성당	68
부활성당	80
상홍리공소	92
새남터성당	104
생극성당	116
서울성공회성당	128
성공회 수동성당	142
성공회 온수리성당	154
성공회 진천성당	168
양덕성당	182
요골공소	196
용소막성당	208
죽림동성당	220
지방리공소	234
청양성당	244
흑산성당	256

✢ ✢

계산성당

빼앗긴 들에도
봄은 오는가

경부고속도로를 올라탔다. 오랜만에 대구 가는 길.
"아빠, 대구가 먼 뜻이야?"
"원래는 광활한 들판이라는 의미의 달구벌이었는데 757년 한자식 표기인 대구大丘로 바꾼 거야."
1750년 대구 유생 이양채가 들이댄다.
위대한 영웅인 공자 선생의 공구라는 이름과 한자가 같다. 고로 구자를 바꿔야 된다.
좋다. 개명. 大邱. 큰 언덕.
자고로 대구는 막강한 추로지향의 도시. 그제나 이제나.
"아빠, 추로지향鄒魯之鄕이 머야?"
"맹자의 고향인 추나라와 공자의 고향인 노나라를 사랑하는 학문의 도시."
"대구시 인구는 몇 명인데?"
"250만."
"TK는 머야. 만날 시끄럽던데."
"대구 경북 출신 지역 인간들."
"아빠, TK 싫어하는 구나?"
"응."
"왜 TK가 득세하는 거야?"
"박통이 대구사범학교 나왔걸랑."
"대구 지역구 국회의원은 몇 명이야?"

✢ ✢

"11명."

"당은?"

"딴나라당."

"엄청 보수적인 동네군."

"응."

"근데 친박연대가 머야?"

"박근혜를 사랑하는 국회의원들."

"이름이 좀 거시기하네."

"꼴통들이야."

로베르 신부. 1863년 프랑스 생. 1876년 파리외방전교회에서 사제 서품. 1877년 제물포 도착. 1922년 선종. 1882년 충청도 경상도 총사령관 로베르 신부 칠곡군 지천면 연화동에 있는 신나무골 도착. 1815년 을해박해 이후 대대로 순교자들이 모여 살던 순교 성지. 을해박해 보자.

1801년 신유박해가 종결된 후 순조 기자회견.

천주교 믿지 말 것. 다침. 이른바 척사윤음斥邪綸音이다.

"아빠, 윤음이 머야?"

"임금님 말씀."

교우들은 경상도와 강원도의 산골로 숨어 들어갔다. 체포령. 청송의 노래산에서 35명의 교우가 체포되어 경주 진영으로 압송. 이 중 19명은 배교, 2명은 옥사.

신나무골 성지. 1880~1890년대 선교사들의 경상도 선교 활동 거점으로서 대구본당, 전주본당, 부산본당, 가실본당의 산실이었다. 1977년 '영남교회선교 요람 기념비'를 세웠고 1984년 순교자 이선이의 묘 이장. 대구본당의 첫 본당 터를 복원하여 로베르 신부의 사제관과 신나무골학당, 로베르 신부의 흉상 건립.

대구 감영의 35명 중 26명 옥사. 병사. 나머지 사형.
강원도, 경상도 전체적으로 30여 명 순교. 이게 을해박해다.

"야, 이 계곡 이름이 왜 신나무냐?"

"신나무가 많걸랑요."

"간단하군."

그럼 경상도 박해 끝났나. 물론 아니올시다.
1838년 오르고 올라도 끝이 없는 해발 600미터의 골짜기 한티에 초가집 짓고 살던 교우들.
1868년 독일인 옵페르트가 대원군의 부친 남연군의 묘를 파헤쳤다. 이제 다 죽었군.
선참후계先斬後啓령이 떨어졌다. 먼저 목을 치고 임금에게 보고할 것.
포졸들 한티 도착. 다 죽였다.
1886년 로베르는 대구본당 초대 주임 사제. 보직은 있고 성당은 없는.
1888년 서구 죽전동의 새방골로 이전.
1891년 동네 양아치들이 쳐들어왔다. 예수쟁이는 물러가라. 물러가라.
대구 감영에 전화.

"막아줘유."

"알았어유."

양아치들에게 전화. 더 해라.

"야, 1886년 한불수호조약 체결된 거 모르냐?"

"모름."

한티순교 성지. 경상북도 칠곡군 동명면 득명리 5번지. 을해박해 때부터 형성된 천주교 교우촌. 1898년 드디어 대원군 간다. 80여 명의 천주교도들 1900년 완전 철수. 63년간 도피 생활. 1983년 한티순교성지 조성 착수. 2004년 한티순교성지 축성.

좋다. 그럼 정면 승부.

1891년 대구시 중구 인교동 정규옥 승지의 99칸 한옥 도착.

"방 좀 빌려줘유."

"광영이옵니다."

사랑채에 임시 성당 마련. 맨투맨. 1897년 계산동 부지 매입. 1898년 지금의 효성초등학교 설립. 여자도 배워야 한다.

"아빠, 효성초등학교 등록금이 얼마일 거 같아?"

"의무교육이니까 공짜 아니냐."

"3개월에 64만 원이야. 스쿨버스비 별도고."

"머라."

"아빠, 초등학교 몇 년에 들어갔지?"

"1968년."

✝ ✝

"그때 등록금이 얼마였어."

"육성회비가 1800원."

"공립이었지?"

"응."

"그러니까 아빠가 지금 생고생하는 거야."

1899년 십자형 한옥 본당 축성. 1901년 지진으로 소실. 목구조는 안 되겠군. 명동성당을 찾았다. 음. 아트군. 중국인 조적공들 스카우트 대구행.

벽돌 공장 건립. 17만 장의 적벽돌로 새 성당 건립.

1903년 뮈텔 주교 집전으로 축성식.

1907년 성당의 물질적 후원자인 대구의 재벌 서상돈이 신부님과 마주 앉았다. 서상돈은 대대로 순교자 집안. 전교도 돈이 있어야 한다는 신념으로 부보상으로 떼돈을 번 사람.

"신부님, 왜놈들로부터 독립하는 길이 뭘까요?"

"국채 갚아야지."

"알겠습니다. 더럽고 치사해서."

"아빠, 근데 부보상이 머야?"

"보따리 장사꾼."

왜놈들에게 빌린 돈은 1300만 원. 지금으로 말하면 수천 억. 광고를 냈다. 남자는 담배를 끊고 여자는 패물을 팔 것. 순식간에 4만 명이 230만 원 각출. 줄줄이 구속. 국채보상운동 실패. 1913년 서상돈 간다.

✚ ✚

서상돈(1850년~1913년). 서울 생. 1871년 대구로 가서 지물 행상과 포목상 등을 하며 많은 재산을 모았다. 1898년 독립협회와 만민공동회의 간부로 활동하면서 러시아의 내정 간섭을 규탄하고 민권 보장·참정권획득 운동 전개. 1907년 대구의 광문사의 부사장으로 재직 중 국채보상운동을 전개할 것을 제의하고 국채 보상 취지서를 작성 발표. 1999년 건국훈장 애족장 추서. 사진은 서상돈 고택.

유언은 이렇다. 얘들아, 돈 갚아라.

1911년 드망즈 주교 도착. 대구 대교구로 독립.

대구 대교구 제1대 주교 드망즈. 보자.

1875년 프랑스 생. 1895년 소르본대 철학과 졸. 1898년 파리외방전교회 신학대 졸. 사제 서품. 같은 해 파리 출발 63일 만에 제물포 도착. 1900년 용산신학교 교수. 1906년 경향신문 사장. 1934년 프랑스 정부로부터 '레지옹 도뇌르' 훈장 받음. 1938년 선종.

"아빠, 경향신문 천주교 거야?"

"이승만과 싸우다 천주교는 손 뗐어."

"그럼 지금은 누구 거야?"

"주인 없어. 사원 주주 회사야. 엄청 진보적인 신문이야."

"그래서 아빠 경향신문 보는 거야?"

"응.

"제2대 교구장은 누구야?"

"무세 제르마노 주교."

"제3대는?"

"하야사카 구베에 주교."

"어라, 일본 사람이네."

✛ ✛ ✛ ✛ ✛ ✛ ✛ ✛ ✛ ✛

"일제강점기에 잠깐 했어. 치욕."

1918년 증축 공사에 나서 신자석과 지성소 사이에 330제곱미터(100평) 정도의 공간을 새로 들이고 양쪽에 각각 신자석을 만들고 종탑 지붕도 두 배가량 높여 더욱 뾰족해졌다.

"아빠, 왜 경상도에는 순교 성지가 드문 거야?"

"이 동네는 공자님 지역구라. 중국에서도 멀고."

1951년 우리 시대의 영웅 김수환 추기경이 이곳 계산성당에서 사제 서품.

1984년 교황 요한 바오로 2세 방문.

1991년 대대적인 보수공사. 지붕을 함석 대신 동판으로 교체. 바닥도 목재를 걷어낸 뒤 대리석을 깔았다.

사적 제290호.

"아빠, 이상화가 누구야? 뒷골목에 고택 팻말이 있는데."

"머라, 학교서 안 배웠니?"

"나 학교 안 다니잖아."

"아 참. 그렇지. 나 원 참."

빼앗긴 들에도 봄은 오는가?

나는 온몸에 햇살을 받고
푸른 하늘 푸른 들이 맞붙은 곳으로

✝ ✝

이상화(1901년~1941년). 대구 생. 1919년 서울 중앙고보를 3년 수료하고 3·1운동이 일어나자 대구학생시위운동 지휘. 도쿄의 아테네 프랑세에서 프랑스 문학을 공부하다 관동대지진으로 귀국. 귀국 후 1926년 〈개벽〉 6월호에 '빼앗긴 들에도 봄은 오는가' 발표. 꿈에 그리던 해방을 못 보고 간다. 사진은 이상화 고택.

　　　　　가르마 같은 논길을 따라 꿈속을 가듯 걸어만 간다.

　　　　　　　입술을 다문 하늘아 들아
　　　　내 맘에는 내 혼자 온 것 같지를 않구나.
　　네가 끌었느냐 누가 부르더냐 답답워라 말을 해다오.

　　　　　　　바람은 내 귀에 속삭이며
　　　　한자욱도 섰지 마라 옷자락을 흔들고
　종다리는 울타리 너머 아가씨같이 구름 뒤에서 반갑다 웃네.

　　　　　　　고맙게 잘 자란 보리밭아
　　　　간밤 자정이 넘어 내리던 고운 비로
　　너는 삼단 같은 머리털을 감았구나, 내 머리조차 가뿐하다.

　　　　　　　혼자라도 가쁘게 나가자.
　마른 논을 안고 도는 착한 도랑이 젖먹이 달래는 노래를 하고
　　　　　제 혼자 어깨춤만 추고 가네.

　나비 제비야 깝치지 마라, 맨드라미 들마 꽃에도 인사를 해야지.
　아주까리 기름 바른 이가 지심 매던 그 들이라 다 보고 싶다.

✜ ✜

내 손에 호미를 쥐어다오.
살진 젖가슴과 같은 부드러운 이 흙을
발목이 시리도록 밟아도 보고 좋은 땀조차 흘리고 싶다.

강가에 나온 아이와 같이
짬도 모르고 끝도 없이 닫는 내 혼아
무엇을 찾느냐 어디로 가느냐, 웃어웁다, 답을 하려무나.

나는 온몸에 풋내를 띠고
푸른 웃음 푸른 설움이 어우러진 사이로
다리를 절며 하루를 걷는다. 아마도 봄 신령이 지폈나 보다.

그러나 지금은 들을 빼앗겨 봄조차 빼앗기겠네.

이상화가 숨지기 직전 4년간 살았던 집. 시인이 죽은 뒤 요정으로 쓰이다가 모 건설 회사가 구입, 재개발에 나선 거다. 대구 시민들 50만 명이 서명한 탄원서와 모금액 8600만 원을 들고 대구시청을 찾아갔다. 이상화 고택 복원.
길 건너편에 서상돈 고택도 복원.
음, 이 동네 만만치 않군.

✝ ✝

광주가톨릭대 · 성당

나쁜 세상을
살아내야만
하나니

여사울성지를 찾았다. 어라, 신부님이 서 계시네.
"안녕하셨지라우."
"예."
"바지가 일반 바지네유."
"자유임."
"천주교는 예수님을 믿는 건감유?"
"성부, 성자, 성령을 다 믿음. 삼위일체."
"성령은 먼감유?"
"정신."
"그럼 개신교는?"
"하나님."
"하느님은 머고, 하나님은 먼감유?"
"하느님은 하늘님. 하나님은 님이 하나다."
"개신교와 성경이 다른감유?"
"해방 후 공동 번역을 했으나 개신교가 거부. 천주교는 당시 공동 번역본을 사용함."
"밥은 해 드시남유?"
"당근."
"청소는?"
"직접 함."
"빨래는?"

✝ ✝

남한산성 성지에 재현된 예수님이 태어난 마구간.

"직접 함."
"지갑 있남유?"
"없음."
"그럼 돈은?"
"없음."

나 원 참.

"담배 하나 드릴까유?"
"내 거 피우겠음."
"성적인 욕구는 없남유?"
"학교 들어갈 때 엄격한 신체검사 통과했음. 나도 남자임."
"고해성사는 신자들의 비밀을 빌미로 신자들을 장악하기 위한
의도가 있다는 소문은?"
"그렇지 않음."
"그럼 예수님이 시킨 건감유?"
"그건 아님."
"쥐 잡는 약은 왜 들고 계신감유?"
"사제관에 쥐가 많아서."
"가톨릭대학 들어가면 전부 신부가 되남유?"
"반은 잘림. 자진 나가기도 하고."
"신부님도 욕하남유?"
"요새 같아서는 욕 나옴."

✞ ✞

현 하롤드 대주교(1909년~1976년) 미국 생.
1932년 콜룸반 사제. 제주에서 선종하기까지 43년간
광주교구를 일으킨 산증인. 사진은 1934년 건립된 현
하롤드대주교기념관.

"성당들이 너무 거대하게 지어지고들 있는 건 아님감유?"
"우린 임시직이라 오해임."
"그래도 너무 큰 거 같은데."
"…."

1933년 10월 콜룸반회 소속 신부들이 교황의 상륙 작전 지시에 따라 전라남도 광주 상륙. 콜룸반회. 가난하고 소외된 자들을 위한 모임. 불행히도 국권을 상실한 일제강점기 때다.
1941년 일본이 제2차 세계대전에 참여하면서 줄줄이 작전상 후퇴. 1945년 천황도 물러가고. 재상륙. 이제 조선 땅이다. 드디어 1957년 광주대교구 설립. 초대 교구장은 당시 작전사령관이던 하롤드 신부. 광주시 쌍촌동 305번지에 29만 제곱미터(9만 평) 장만.
1962년 대건신학교 설립. 김대건 신부를 기리는 신학교. 1985년 광주가톨릭대학교로 개명.
광주시가 1994년 광주광역시로 비대해지면서 광주 외곽의 오지였던 쌍촌동도 급속히 도시 중심지로 편입.

"아빠, 광역시 기준이 머야?"
"읍이 시가 되려면 인구 5만이 넘어야 되고, 시가 광역시가 되려면 100만이 넘어야 됨."

도심 공해로 수업이 안 된다. 1993년 이전 계획 시작. 나주시 남평읍 남석리 170번지 36만 제곱미터(11만 평) 구입. 초고속 인터넷 시대에 나주는 아직도 '나주배' 팔아 살림. 백제가 망한 이후 떠 본적이

✢ ✢

나주순교 성지. 1895년 조선교구 8대 교구장 뮈텔 주교는 《치명일기》 간행. 대원군이 때려 죽인 877명의 명단이 수록된 책. 《치명일기》에 의하면 나주 순교자 1호 강영원은 백지 사형. 물에 적신 얇은 창호지를 얼굴에 발라 죽인다. 순교자 2호 유치성은 돌에 맞아 죽고, 순교자 3호 유문보는 굶어 죽는다. 이들을 기리는 나주순교성지도 들러보시길. 설계 김원.

없는 거다. 지석천의 물이 맑은 게 유일한 위안거리.

"아빠, 왜 나주배가 유명한 거야?"

"1910년 대한민국 최초로 일본인이 이 동네에서 배를 재배하기 시작했걸랑."

30년 전 평당 10원이던 쌍촌동 땅값은 이미 1000만 원짜리 금싸라기 땅으로 변해 있고.

"아빠, 금싸라기가 뭐야?"

"금의 잔 부스러기."

천주교 신자인 아파트 개발업자에게 6600제곱미터(2000평) 판다. 어라 200억이네. 당시 주인은 윤공희 대주교. 그 유명한 광주민중항쟁의 주역. 1973년부터 2000년까지 28년간 장기 집권하면서 로만칼라 두르고 탱크와 맞서 싸운 분. 설계자 선정에 들어간다.

교무처장: 광주가톨릭대학교 신축 설계를 지명 설계로 진행하려고 하는데 참석해주시죠.

김원: 싫은디유.

교무처장: 200억 프로젝튼데요.

김원: 아, 글쎄 저는 현상 설계 안 해요. 우리 풍토에서 현상 설계가 성공한 전례가 없어요. 참여 건축가가 아무리 열심히 해도 뽑는 사람들이 고민을 안 하걸랑요.

설계비만 10억이 넘는 대형 프로젝트 거부. 우째 이런 일이. 광주가톨릭대학교에서 대책회의가 열린다. 야, 김원이 누구냐! 감히 우리

✢ ✢

윤공희. 1924년 평안남도 진남포 용정리 생. 1950년 지학순 주교와 월남. 1950년 사제 서품. 1960년 로마 그레고리안대학 신학박사. 1963년 주교 수품. 수원교구장. 1973년 광주대교구장. 2000년 은퇴.

✢ 22

제안을 거부하다니. 아니 근데 그 친구 말이 맞는 것도 같고. 36만 제곱미터(11만 평)의 마스터플랜을 비전문가인 성직자들이 평가하는 것이 가능한가. 역으로 설계쟁이들이 우리 성직자들의 등수를 매긴다면 이거 참 고약한 일 아닌가. 현상 설계 폐기. 기독교는 장로들이 많아 결정 절차가 백가쟁명이지만 가톨릭은 독재 체제라 빠르다.
"아빠, 백가쟁명百家爭鳴이 뭐야?"
"춘추전국 시대 때 수많은 학자들이 자신의 이론이 맞다고 떠들어

　　　　　　　　"대는 거."
　　　　　　"누가 이겼어?"
　　　　　　　"공자."

이렇게 김원은 36만 제곱미터(11만 평) 말아먹는다. 큰일 하려면 좀 개겨야 된다. 안 되면 말고. 이미 공사비 프로그램이 나와 있다. 강의실 3.3제곱미터당 200만 원, 강당 3.3제곱미터당 300만 원, 성당 3.3제곱미터당 400만 원. 간단하군. 총공사비 150억. 좀 모자라는디유. 그래요? 신경 쓰지 말아요. 땅 좀 더 팔죠 뭐. 환상적인 프로젝트. 공사비 걱정 안 해보기는 30년 만에 처음.

성당은 저기 앉히고 강당은 여기 앉히고 잔소리가 시작된다. 아니 신부님, 이 학교의 주인이 누굽니까. 하느님 아닙니까. 총장님이나 신부님 소유물이 아니지 않습니까. 주님이 시키는 대로 할 테니까 맡겨주세요. 디자인권도 넘어온다.

신부가 되려면 7년제 가톨릭대학교를 마쳐야 한다. 금년에도 신입생 요강이 발표됐다. 이른바 가군. 신입생 55명. 단출하다. 스무 살의 혈기왕성한 젊은이들이 7년 동안 유배 아닌 유배 생활을 해야 된다. 모든 속세의 인연을 끊고 주님과의 결혼을 위해 이성과의 관계도 영원히 끊어야 되고. 초등학교 때 친구인 태희나 중학교 때 친구인 영미와도 헤어져야 된다. 장난이 아니다. 대신 술과 담배는 허용된다. 최소한도의 스트레스 해소책.

　　　　　"아빠, 속세俗世가 머야?"

✝ ✝

"나쁜 세상."

"그럼 우리 나쁜 세상에 사는 거야?"

"응. 그러니 조심해라."

"알았어."

생각해보라. 한 멀쩡한 젊은이가. 권력도 돈도 여자도 마다한 채 자진해서 저 영원한 순수의 세계를 살아가겠다고 결심했다니. 성공의 지름길인 대학 입시에 떨어졌다고 옥상에서 뛰어내리는 작금의 현실을 생각할 때, 정말 괴로운 결정. 벤츠가 싫다고라.

"아빠, 신부님 월급 얼마야?"

"70만 원."

"추기경님은?"

"70만 원."

"그럼 수녀님은?"

"없어."

"알았어. 나 수녀 안 할 거야."

미당 시문학관을 출발한 나는 나주를 향해 차를 몰았다. 다이내믹한 성당이 궁금했다. 하늘을 찌르는 교회에 익숙한 난 그 성당의 실제 모습이 참으로 궁금했다. 주사위도 성당이 될 수 있나. 평생 첨 나주시에 들어섰다. 역시 어수선. 아직도 시골 장터 버전.

영산강의 지류인 지석천을 따라 산길을 달리다 보니 나지막한 동산을 배경으로 주사위가 보인다. 하얀 주사위. 철문이 자동으로 열린다.

✝ ✝

서정주(1915년~2000년). 본관 달성. 호 미당未堂. 전라북도 고창 생. 1936년 동아일보 신춘문예에 시 '벽'으로 등단. 1954년 대한민국예술원 회원. 이후 조선대학교, 서라벌예술대학교, 동국대학교 문리대학 교수(1959년~1979년)를 지냈다. 평생 친일 행적 논란에 시달림. 사진은 김원이 설계한 미당 시문학관.

수위도 안 보인다. 주차 카드도 없고. 이거 대학교 맞아. 수도원 아냐. 노출 콘크리트의 정문. 일주문인가. 여기서부터는 주님의 땅이다. 소란스런 속세의 욕심을 여기서 벗어 던져야 된다.

36만 제곱미터(11만 평) 중 3만 9000제곱미터(1만 2000평)만 사용. 32만 제곱미터(9만 8000평)은 그냥 냅둔다. 있는 그대로의 자연은 인간의 디자인보다 위대하나니. 언덕 위에 21동이 옹기종기 모여 앉는다. 전교생이라야 300명밖에 안되니 21동을 툭툭 던질 필요도 없고. 21동이 한 동으로 보인다. 3만 9000제곱미터(1만 2000평)에서 2만 6000제곱미터(8000평)을 기능별로 나눈다. 중앙에 문제의 하얀 주사위가 앉아 있다. 아니, 서 있다.

신학교에서 성당은 중심일 수밖에 없다. 13제곱미터(4평)의 좁은 공간에서 7년간 유배 생활을 하는 학생들이 자나 깨나 성당을 들락거려야 하니. 새벽 기도. 점심 기도. 저녁 기도. 철야 기도. 우찌 됐든 성당을 통해야 강의실도 강당도 식당도 갈 수 있고. 각론에 나오는 동선의 최소화다.

21동 중 최대 규모인 강당의 소요 면적은 1300제곱미터(400평). 36미터 곱하기 36미터는 1300제곱미터(400평)이고. 간단하군. 그래 주사위의 가로 세로는 36미터다. 그냥 앉힐까. 재미가 없다. 대형 크레인을 부른다. 꼭짓점을 들어 세운다. 대형 주사위의 꼭짓점을 들어 올리니 성당이다. 음. 주사위로 어떻게 들어가지. 마침 김경수 교수가 김원을 찾아왔다.

✝ ✝

"어이, 김 교수. 외장재가 알루코 본든데. 현관에 화강석 붙이면 어떨까?"
"이상한데요. 유리가 어울리지 않을까요. 같은 메탈릭이니까."
"아니 왜 꼭 어울려야 돼?"

화강석 붙인다. 언밸런스가 밸런스고, 밸런스가 언밸런스다. 정문은 돌이고 후문은 블루 알루코. 흰색과 파란색이 부딪친다. 스무 살 젊은이들의 장난감이니까. 어려운 유배 생활에 즐거움을 주고 싶었다. 이거 수도원이야 놀이 공원이야. 주사위의 모서리는 전부 쏠어낸다. 창이다. 빛이 쏟아지고. 내부 마감은 목재. 따뜻하다. 이 콤플렉스 동에서 유일하게 단아한 공간. 밖은 메탈릭으로 디자인의 다이내믹을 소리 높여 외치지만 안은 단풍나무로 목소리를 낮춘다.

나머지 20동은 분양. 디자인 분양. 40년 동안 디자인을 분양해보기는 처음. 36미터 그리드 원칙하에 디자인을 분양한다. 20대, 30대 스태프들은 각자 소신껏 형태와 마감을 결정한다. 2학년 8반 디자이너는 돔형 강당, 외장재로 드라이비트를 선택하고. 김원 선생 눈치 좀 본다. 뭐라고 하실 것 같은데. 아무 말이 없다.

그대로 시공. 20대 신학도들의 느낌을 위한 배려다. 3학년 1반 디자이너는 기숙사에 적벽돌을. 3학년 2반 디자이너는 도서관에 노출 콘크리트를. 3학년 5반 디자이너는 본관에 화강석 판재를. 학년별로 반별로 가지각색. 21동에 21가지 마감재다. 건축자재박람회 열렸나.

한 동에만도 20가지 이상의 공정이 들어오는데 동마다 마감재가 다르니, 현장 소장은 돌아버렸다. 도서관이 드라이비트였던가. 강당이 드라이비트였던가. 정신이 하나도 없다. 아무렇게나 왔다 갔다 한다. 분자 운동이다. 내가 지금 어디를 가고 있지. 꼭 가야 되나. 집으로 도망갈까. 아니야. 속세는 싫어. 가난한 소외된 사람들을 위해 살아야지. 아니야. 머리 헷갈리는데 건축도 헷갈리네.

철제 캐노피를 따라 비 피하면서 강의실을 강당을 팻말 보면서 찾아갈 필요가 없다. 색맹만 아니라면 색깔만 봐도 목표를 찾을 수 있다. 음. 통일 속의 변화인가. 변화 속의 통일인가. 김원에게 자재는 중요하지 않다. 아무 색깔이면 어때. 그리드만 있으면 된다. 질서만 있으면. 나머지는 어차피 무의미한 일들.

버라이어티 속의 통일. 교종과 선종을 넘나든다.

교종이면 어떻고 선종이면 어떠랴. 어차피 떠나야 할 것을.

"아빠, 교종은 뭐고 선종은 머야?"

"현실에 들어가 대중을 가르쳐 바른 길로 인도해야 된다고 주장하는 게 교종. 산속에 들어가 스님이 도 닦고 있으면 대중이 알아서 바른 길로 따라온다고 주장하는 게 선종."

"어느 게 맞는 거야?"

"선종."

나만 똑바로 가면 된다. 그럼 후학은 따라오나니.

승효상이 김원에게 '그럼에도 꼭 물어야겠다'던 교종과 선종을 그는 넘어선다. 이제 김원에게 건축은 하늘, 해, 달, 별, 바람일 뿐인걸 뭐.

✝ ✝

답 동 성 당

가까이
할 것과
멀리 할
것이
있나니

✝ ✝ ✝ ✝ ✝ ✝

1866년 병인양요. 1871년의 신미양요. 흥선대원군 기자회견. 전국에 척화비 세울 것.

양이침범洋夷侵犯 비전즉화非戰則和 주화매국主和賣國.

서양 오랑캐가 침입하는데, 싸우지 않으면 화친하자는 것이니, 화친을 주장함은 나라를 파는 것이다.

돌 비석 몇 개로 거센 파도를 이길 수 있나.

1873년 수구꼴통 흥선대원군 사퇴. 이제 개혁파 명성황후 세상.

1875년 일본은 영국에서 수입한 근대식 군함 운요호 조선에 파견.

강화도 초지진에 함포 사격. 조선의 해군은 구경.

"야, 저기 날아오는 게 머냐?"

"모르겠는디유."

꽈광. 꽝꽝.

1876년 일본군 강화도 상륙. 죽을래, 도장 찍을래?

강화도조약 체결.

1882년 임오군란. 열 받은 백성이 왜놈을 몇 명 때려 죽였다.

대원군을 중국으로 납치.

일본 함정이 제물포로 쳐들어왔다.

"죽을래, 도장 찍을래?"

"저번에 찍었잖아."

"강화도조약은 무역, 이번 제물포조약은 군사걸랑."

일본군 1개 대대 한양 일본 공사관에 공식 주둔.

✠ ✠

청도 척화비. 경북문화재자료 제109호. 1871년 4월을 기해 서울을 비롯하여 전국의 요소에 세운 척화비 중 하나이다. 대부분의 척화비는 임오군란 이후 철거되고 장기와 구미 등에 4~5기만 남아 있다. 도로변에 세워져 있던 것을 조선 시대 객사로 쓰이던 건물인 도주관으로 옮겨놓았다.

미국도 제물포로 쳐들어왔다. 같이 먹자. 조미수호통상조약.
1883년 깡촌이었던 제물포는 1876년 부산, 1880년 원산에 이어 세 번째 무역항이 된다.
1886년 한불수호통상조약.
내용은 이렇다. 이제 천주교도 안 죽임. 토지 매입도 가능하고.
제7대 교구장 블랑 주교가 코스트 신부(1842년~1896년)를 불렀다.
"야, 너 빨랑 제물포 점령해라. 난리라더구나."
"돈은?"
"니가 알아서 구해."

✝ ✝

조미수호통상조약. 1882년 5월 22일 제물포에서 조선 측 전권 대신 신헌과 미국 측 전권 공사 슈펠트 간에 조미수호통상조약 체결. 이 조약이 체결되면서 1883년 4월 조선 주재 미국 초대 공사 푸트가 입국해서 비준서를 교환하고, 조선 정부에서도 같은 해 6월 민영익을 수반으로 한 '보빙사' 일행 미국에 파견. 사진은 당시 치열한 격전지였던 강화도의 초지진.

당나귀 타고 제물포 도착.

"야, 이 동네에 스파게티 집 없냐?"

"없는디유. 자장면은 어떠신지."

1884년 조성된 차이나타운으로 갔다.

"여기, 자장면 곱빼기 두 그릇이요!"

"야, 곱빼기가 머냐?"

"따블인디유."

"거참, 한국말 어렵군. 인천항이 한눈에 내려다보이는 요지가 어디냐? 왜놈들 동태도 살필 겸."

"답동으로 가시죠."

"왜 마을 이름이 답동이냐?"

"논이 많아서."

답동 언덕 초가집 사들이고 모금에 나섰다. 서울에서 전화가 왔다.

"올라와라."

"왜유?"

"명동성당 지어야 되걸랑."

"대타는?"

"페낭신학교에서 빌렘 신부 출발했다."

1889년 초가집에서 제1대 주임 빌렘 신부 취임식. 천주교 신자인 민선훈에게서 헐값에 약 9900제곱미터(3000여 평) 매입.

1893년 제3대 주임 마라발 신부 부임. 장티푸스 창궐. 샤르트르수녀

✝ ✝

샤르트르수녀회. 1885년 국내 최초의 고아원과 양로원이 미동과 관철동에 문을 연다. 천주교 직영 사업. 뜻은 있으나 예산과 노하우 부족으로 3년이 채 지나지 않아 부도 사태에 직면. 프랑스 샤르트르로 전문을 보낸다. 조선 최초의 고아원과 양로원이 부도에 직면했음. 지원을 부탁함. 1888년 7월 자카리에 수녀를 포함한 4명의 수녀가 제물포항에 도착한다. 국내 최초의 수녀회 상륙.

원에 전화. 좀 도와주서유. 수억 도착. 먼저 수녀원 건립. 환자들 돌본다.

"아빠, 명동성당 안에 샤르트르수녀원 있지?"

"응."

"왜 제일 중요한 데 샤르트르수녀원이 자리 잡은 거야?"

"1888년 들어온 최초의 수녀회걸랑. 큰언니지."

성당 내에 해성보육원 설립. 보릿고개 시절이라. 이후 116년 동안 해성보육원이 배출한 고아만 1만 2000명.

한창 공사 중인 명동성당을 찾았다. 고딕이군. 코스트 신부에게서 명동성당 도면을 받았다.

"우린 로마네스크로 올라가다가 비잔틴으로 마무리한다."

"왜유?"

"명동성당이랑 다르게 해야지 인마. 베꼈다고 하면 쪽 팔리잖아."

1894년 청일전쟁. 공사 중단. 나라가 거덜 나게 생긴 거다. 보자.

1894년 1월 녹두장군 전봉준이 1000여 명의 농민과 동학교도 이끌고 관아 습격. 강탈당했던 쌀 농민에게 배분.

1. 제폭구민除暴救民. 포악한 것을 물리치고 백성을 구하겠음.
2. 진멸권귀盡滅權貴. 조정과 양반 세력을 깨끗이 쓸어버리겠음.
3. 축멸왜이逐滅倭夷. 일본과 서양 세력을 내쫓고 쓸어버리겠음.

정부의 요청으로 청나라군 인천 상륙. 텐진조약을 빌미로 일본군도 부산 상륙.

"아빠, 텐진조약이 머야?"

✝ ✝

전봉준(1855년~1895년) 별명은 키가 작고 단단해 녹두장군. 1892년 일어난 동학혁명의 지도자. 3년 만에 사형 당함. 대한민국 사법부 역사상 최초의 사형인. 사진은 전북 정읍시 이평면 장내리 458에 있는 전봉준 선생 생가.

"청나라가 조선에 군대를 보내면 일본도 보낸다. 1871년 맺은 조약. 같이 먹겠다 머 그런 거야."

한양에 입성한 일본군 왕궁 장악. 1894년 7월 아산에 주둔하던 청나라군 공격. 청나라군 1200명 익사. 다음해 청나라 항복. 대한민국은 잿더미. 우린 구경만 했다. 지금도 그렇고.

다시 공사 시작. 먼 일이 있었나. 모닥불이 멀면 춥고 가까우면 뜨거운 법.

명동성당보다 1년 앞선 1897년 축성식. 뮈텔 주교 왈.

"성당은 매우 아름답고 성공적인데, 스테인드글라스와 같은 효과를 내는 유리면과 교우들 중 반은 앉을 수 있는 의자도 갖추었다. 본당의 야산과 밭들은 다 조선 사람들에게 세를 주었는데, 그 모든 것들이 하나의 마을을 이루어 요술처럼 훌륭했다."

제4대 주임 드뇌 신부 부임. 이후 34년간 독재. 보자.

1873년 프랑스에서 부유한 은행가의 둘째 아들로 태어났다. 1896년 사제 서품. 1902년 투르니에 신부와 제물포항 도착. 1903년 목포성당 사목. 1904년 답동성당 부임. 1909년 박문학교의 초대 교장으로 취임. 1923년 한국인의 교육에 헌신한 그의 공로가 인정되어 조선총독부로부터 표창을 받았다.

답동성당 낙성식 이후 본당 신부직에서 물러나 인천의 수녀원에 거주하면서 수녀들의 지도 신부로서 여생을 바쳤다. 1947년 인천시 용현동 묘지에 안장.

✝ ✝

신자 수가 1500여 명에 육박하자 1937년 벽돌조로 중건.

"아빠, 공사비는?"

"드뇌 신부의 부친이 보내왔어."

소문을 듣고 해성보육원의 수녀들이 쳐들어왔다.

"신부님 부친이 재벌이라면서요. 이럴 수 있습니까."

"얼마가 필요한디유?"

"고아들이 늘어나서 보육원을 늘려야겠어요."

부친에게 전화. 한 번만 더. 마지막이다. 용현동에 약 66만 제곱미터 (20만 평) 구입. 수녀원에 기부.

"아빠, 신부님 아버지 불쌍하다."

"읍."

이제 해성보육원은 국내 입양에 나선다. 기준 보자.

1. 충분한 재산이 있어야 한다.
2. 양자에 대하여 종교의 자유를 인정하고 사회의 일원으로서 그에 상응한 양육과 교육을 할 수 있어야 한다.
3. 양친은 인권유린의 우려가 있는 직업에 종사하지 않아야 한다.
4. 양친의 나이는 만 25세 이상으로서 아동과의 연령 차가 60세 미만이어야 한다.
5. 가정이 화목하고 정신적, 신체적으로 양자를 부양함에 현저한 장애가 없어야 한다.

"아빠, 우리 집은 예선 탈락이네. 돈도 없고, 부모님은 전쟁 중이고."

✠ ✠

"…엄마야, 매달 1만 원씩 날려라."
"지로 번호는?"
"7608243."

부탁합니다.
미혼모방도 운영 중이니 많은 이용 바래요. 032-875-3240.
"아빠, 수녀가 신부보다 더 바쁘네."
"응."

1962년 인천 교구로 독립. 답동성당은 주교좌성당으로 111개 본당, 35공소, 약 42만 명 통치.
내비게이션에 답동성당을 쳤다. 책 10권 내면서 초행길. 강화도 빼고. 워낙 문화재 불모 지역이라. 무역항은 자고로.

"아빠, 인천은 왜 광역시라고 하는 거야?"
"1979년에 인구 100만을 돌파했걸랑."
"지금은?"
"260만."
"우리나라에 대주교는 몇 명이야?"
"서울, 대구, 광주 3명."
"그럼 답동성당은 서울 대교구 소속이야?"
"응."

✝ ✝ ✝ ✝ ✝ ✝ ✝ ✝ ✝ ✝

"주교는 전부 몇 명이야?"

"22명."

"신문에 보니까 몬시뇰 선종 이런 기사가 있던데. 몬시뇰이 머야?"

"몬시뇰Monseigneur의 원래 뜻은 '나의 주님'. 고위 성직자에 대한 경어야. 우리나라에서는 주교 품을 받지 않은 원로 신부님을 높여 부르는 경어로 사용."

성당 앞에 수녀님이 계시다.

"혹시, 샤르트르수녀원에서 나오셨남유?"

"맞아유."

사적 제287호.

"아빠, 사적史蹟이 머야?"

"역사상 중대한 사건이나 시설의 자취."

"지금 사적은 몇 개야?"

✝ ✝

인천 차이나타운. 1883년 인천항이 개항되고 이듬해 청나라 조계지가 설치되면서 중국인들이 현 선린동 일대에 이민, 정착하여 그들만의 생활 문화를 형성한 곳. 현재 화교 2, 3세로 구성된 약 170가구, 약 500명이 풍미, 자금성, 태화원, 태창반점, 신승반점 등을 운영하면서 중국의 맛을 이어가고 있다.

"500개."

제1호 사적은 멀까요. 포석정이다.

"아빠, 조선 시대에 우리나라에 온 파리외방전교회 신부는
몇 명이야?"

"170명."

"순교하신 분은?"

"25명."

"아빠, 파리 갔다 올게. 돈."

"머라."

인천광역시 중구 답동 3-1.

선현 왈.

원교근공遠交近攻하고 불가근불가원不可近不可遠하라!

"가까이할 것과 멀리할 것이 있느니 아부하는 무리를 멀리하고, 나를
위하여 뼈 있는 충고를 해주는 이들을 가까이 두어야 일에 실수가
없고 늘 깨어 있을 수 있다."

✝ ✝

동면　　　공소

좋은 아내를
얻으면
행복해지고,
악한 아내를
얻으면 철학자가
되나니

네티즌 왈.

분명 이 책의 저자 이용재는 아내와 딸이 있는 '대한민국의 아버지'이지만 대한민국의 많은 아버지들이 포기하고 사는 일을 하는 사람이다. 대부분의 대한민국 아버지라면 단지 건축업자가 되는 것에 쉽게 만족하며 불혹에 택시 운전을 시작해야 하는 상황을 견디지 못하고 숭례문이 전소되었어도 다시 지으면 그만이라거나 나와 상관없는 일이라고 느끼곤 잊어버린다.

그러나 이 책의 저자 이용재의 삶은 그와 완전히 반대편에 서 있다. 때문에 그의 삶은 그 반대편에 선 만큼 팍팍하다. 주위의 많은 이들이 편안하게 느끼는 길과 다른 길을 가는 저자의 여정은 그만큼 고단하다. 저자가 잘 차려놓은 밥상에 숟가락을 올려놓는 것만으로도 우리 주위에 있는 건축물들이 사뭇 다르게 보일 것이다. 그리고 미술품을 음미하듯 음악을 음미하듯 건축물 또한 삶의 공간일 뿐만 아니라 음미의 대상임을 느끼게 될 것이다.

저자의 고단한 여정만큼 독자의 여정은 편안하기에 저자의 고단한 여정이 앞으로도 계속되기를 소망해본다.

곧 고단한 여정 중단 예정. 부도 사태라. 이번이 마지막이 될 듯.
지학순. 본관 충주. 중국에서 귀화해 충주에 말뚝. 현 인구 3만여 명. 1921년 평안남도 중화 생. 1934년 영세를 받았다.

✝ ✝

"아빠, 영세가 머야?"

"속세의 육체는 죽고 그리스도의 자식으로 다시 태어남."

"그럼 다시 한 살이야?"

"응."

"그럼 난 안 해. 여태껏 죽을 고생 하고 살아왔는데."

1949년 함경남도 덕원신학교 신학과 입학. 공산 정권에 의해 학교 폐쇄. 북한에서 태양은 하나뿐. 위대한 영도자 김일성.

월남 시도하다 체포, 구금. 탈출. 서울 가톨릭신학대 편입. 한국동란. 군 입대. 1952년 횡성전투에서 부상. 전역. 같은 해 12월 사제 서품. 거제포로수용소교회 종군신부. 청주 북문로성당 보좌신부.

1956년 로마 프로파간다대학교 유학. 교회법 석사, 박사. 귀국한 후 천주교 청주교구장 비서, 부산 초장동성당 주임신부 거쳐 1967년 원주교구 창설과 함께 교구장으로 임명되면서 주교로 서품.

1972년 10월 유신헌법 발효. 나 이때 초딩 5년. 판잣집 교사에서 국민교육헌장 암기 중.

"나는 민족 중흥의 역사적 사명을 띠고 이 땅에 태어났음.

박통은 조선의 제28대 국왕임.

주는 밥 처먹고 조신하게 살겠음을 맹세함."

이제 대한민국의 위대한 영도자 박정희는 종신 대통령이다.

불만 없지유?

있음. 좌파들 와글와글. 나의 초딩 중·고 선생님들은 전부 '샷더마우

유신헌법. 박정희는 1972년 10월 17일 '우리 민족의 지상 과제인 조국의 평화적 통일'을 뒷받침하기 위해 '우리의 정치 체제를 개혁한다'고 선언. 국회를 해산하고 정치 활동을 금지하는 동시에 전국적인 비상계엄령 선포. 국민투표에서 압도적 찬성으로 확정. 박 대통령의 장기 집권을 위한 개헌. 사진은 박정희 생가.

스(Shut the mouth)'. 전교조 없던 시절.
1974년 1월 8일 긴급조치 1호 발령.
댐비면 15년 형. 조심할 것.

✢ ✢

국민교육헌장. 국민의 윤리와 정신적인 기반을
확고히 하기 위해 1968년 12월 5일 반포된 헌장. 유신
쿠데타의 정신적 전주곡. 1994년 문민정부에 의해
사실상 폐기. 사진은 양구전쟁기념관.

민청학련 사건. 김지하 구속.
대만에서 열린 주교회의 참석 후 귀국하던 지학순 주교 공항에서 체포, 연행.

"너, 김지하한테 돈 줬지?"
"안 줬는디유."
"어, 줬다고!"

이미 서류는 작성돼 있고.
김수환 추기경이 박통을 만났다.

"정말 이럴 거예요?"
"알았어요."

명동성당 뒤 샤르트르수녀원으로 주거 제한. 지학순 주교와 김수환 추기경이 막걸리 잔을 놓고 붙었다.

"내가 젊은이들에게 돈을 대서 내란을 선동하고 정부 전복을 기도했다는 게 말이 됩니까? 내가 빨갱이입니까? 죽는 한이 있더라도 양심선언을 해서 진실을 밝혀야 합니다."

"주교님, 그건 안 됩니다. 건강도 안 좋은 상태인 데다 사태를 악화시킬 뿐입니다. 만일 주교님께서 그런 선택을 하시면 구속은 물론이고 교회 여론까지 분열됩니다. 그러면 사태를 수습할 수가 없습니다."

"마이 웨이. 어차피 갈 거."

"주교님 양심대로 하십시오. 중앙정보부야 브레인들이 있어 대응

✝ ✝

김지하. 1941년 전남 목포 생. 원주중학교 재학 중 지학순 주교의 가르침을 받음. 서울대 미학과 졸. 1969년 〈오적〉 필화 사건으로 구속. 1974년 군법회의에서 사형 선고. 1980년 출옥. 1984년 사면 복권. 《토지》를 쓴 박경리 선생의 사위로 유명세를 타는 대표적인 반체제 저항 시인. 지금은 우회전하시는 것 같지만. 사진은 토지문학관.

방법을 다 세워놓았겠지만 우리야 가진 거라곤 양심밖에 없지 않습니까."

7월 23일. 기자회견. 이른바 양심선언. 보자.

"본인은 양심과 하느님의 정의가 허용치 않음으로 비상 군법회의 소환에 불응한다. 유신헌법은 민주 헌정을 파괴하고 국민 의도와 관계없이 폭력과 공갈과 국민투표라는 사기극에 의해 조작된 것이기 때문에 무효이고 진리에 반대된다."

주교님은 물론 양심선언문 타자를 쳐준 서정렬 수녀, 영문 번역한 임광규 변호사, 현장에서 주교님 체포를 저지한 신부들 줄줄이 연행. 역사는 반복되는 법.

얼마 전 용산 재개발 현장에서 백성이 타 죽었다. 죽인 사람은 없고. 신부님들이 거리로 나섰다. 경찰 책임자는 무릎 꿇고 사죄하라. 인간들아. 촛불 행진 시작. 경찰 경호 시작. 몽둥이 들고. 길을 막았다. 확성기에서 서글픈 여경의 목소리가 흘러나왔다.

"약속이 틀리다. 신부가 거짓말해도 되남유."

머라. 좋다. 우리 다 연행해라. 잘됐다. 좀 쉬자. 수녀님도 싱글벙글. 수녀원에 돌아가 마루 안 닦아도 되게 된 거다. 감옥은 밥이 공짜라는 소문도 있고.

경찰들 들어라. 신부님 가시게 냅둬라. 그 길이 진리의 길이고 영원의 길이다. 나 종교 없으니 오해 마라. 너넨 그냥 따라가라. 까불지 말고. 정말 인간들아. 이러니 나라가 당최 다 엉망인 거다. 딸 가자. 배

✝ ✝

중앙정보부. 1961년 김종필이 창설한 정보 기관. 1980년 국가안전기획부로 개명. 1999년 국정원으로 개명. 좌파 때려잡는 게 주 업무. 2009년 국정원 예산은 5000억. 자세한 사항은 전부 대외비. 사진은 청남대.

울 게 없구나. 그제나 이제나.

주교회의 소집. 지학순 주교가 맞음. 다른 주교들 반성해야 됨. 여기도 우파가 있고 좌파가 있는 법.

9월 26일 정의구현사제단은 시국선언을 하고 명동에서 가두시위.

사제들이 주도한 대한민국 최초의 가두시위.

그러거나 말거나. 징역 15년. 땅땅. 군법회의 최후진술.

"종교의 자유란 종교에서 가르치는 사회 정의를 발언하고 실천할 수 있는 자유여야 하며 조국과 교회를 위해 몸 바칠 각오가 되어 있다."

김수환 추기경 성탄 메시지 발표.

"정치와 언론의 자유가 침해된 곳에 종교 자유만이 따로 건재할 수 없다."

지학순 주교는 교황 바오로 6세에게 편지를 썼다.

"이곳은 호젓한 감방입니다. 그러나 저는 고독하거나 외롭지 않습니다. 조작된 죄목으로 갇혀 있고 외부와의 접촉이 단절된 이곳이지만 저는 하느님을 만날 수 있고 하느님과 일치하고 있습니다. 억울하게 갇혀 있는 많은 정의의 투사들, 목사, 교수, 학생, 변호사, 언론인들과 함께 이곳에 있으면서 저는 가장 미소한 형제들의 벗이 되고 싶었습니다."

청와대 전화기 불통.

"각하, 교황 열 받았다는디유."

"풀어줘라."

✝ ✝

1975년 2월 17일 10개월 만에 석방.

1985년 평양행. 여동생을 만났다.

"예수 믿고 천국 가야지."

"여기가 천국이걸랑요."

맘대로 되는 게 없군. 너무 오래 살았나.

1993년 72세 일기로 선종. 제천 배론 성지 성직자 묘역에 안장.

1997년 후학들은 '지학순정의평화상' 제정. 그를 기린다.

문진호. 서울대 건축과 80학번. 동대학원 석사. 미국 캘리포니아대 석사. 중매가 들어왔다. 서울대 미대를 졸업한 재원. 만나 물었다. 혹 부친은 머 하시는지…. 정림건축 부회장 김정식. 머라, 그냥 도장 찍었다. 딸만 셋이라니. 1990년 귀국. 당연히 정림건축 입사.

뒷말이 많다. 그럼 맨투맨이다. 1995년 우리 시대의 스타 건축가 박승홍을 미국에서 삼고초려 끝에 스카우트. 날개를 단다. 이제 임원들에게 실력을 보여줘야 된다. 1995년 대한민국 최대의 프로젝트 '국립중앙박물관' 현상 설계 공고. 46개국 341팀 참가.

정림건축의 임원들은 전부 난색을 표명한다. 경쟁률이 너무 높다. 게다가 세계적인 건축가들이 다 참석하는 이벤트고. 동부 이촌동에 살던 박승홍은 매일 출퇴근하면서 용산 미군기지 약 264만 제곱미터(80만 평)을 바라보면서 전의를 다진다. 이번이 기회야. 임원회의에 나가 설득했다. 한번 기회를 주십시오. 그거 되겠어? 떨어져도 배울 게 있습니다. 두 명만 빌려주십시오. 그래 좋아. 그럼 조선 시대의 아트를 좀 둘

국립중앙박물관. 1945년 덕수궁 안의 석조전 건물에서 처음 개관. 1972년 경복궁에 박물관을 신축 이전. 1986년 옛 중앙청 건물로 이전. 1996년 경복궁 내의 사회교육관 건물로 이전. 2005년 용산가족공원 내 신축 건물로 이전.

러보고 오지? 예.

임원들 앞에서 브리핑. 배산임수에 외벽은 남한산성의 성벽이 되어 박물관을 왜적으로부터 보호하고. 이걸로 당선될 수 있겠어? 자신 있습니다. 떨어지면 2억 날아간다. 이른바 '미지근한 동의'다. 당선작 '정림건축'. 이제 뒷말이 없다. 4000억 프로젝트에 당선됐으니. 문진호, 2000년 드디어 사장 등극. 직원 500명과 술 먹는 데만 10년 걸린 거다. 용병술도 있고.

2007년 쿠데타. 문진호, 박승홍 강원도를 찾아 막걸리를 먹었다. 18년간 다닌 정림건축에서 잘린 거다. 좋다. 다시 시작한다. 이미 문진호는 46세. 박승홍과 3억씩, 6억 투자 회사 설립. '문앤박'. 'pmb'. 죽을 때까지 같이 간다. 정림건축에서 50명이 따라 나왔다. 2009년 노들섬 오페라하우스 현상 당선. 설립 2년 된 작은 회사가 설계비 200억짜리 대박을 낸 거다. 이제 어느덧 직원은 100명으로 불어나고. 또 고생길.

정선 동면공소가 인터넷에 뜬다. 디자인 바이(design by) 문진호. 반짝이는 디자인. 강원도 정선에 명작 탄생. 정선 향해 출발. 가도 가도 끝이 없는 길.

"아빠, 정선旌善이 먼 뜻이야?"

"정려(효자 열녀 충신)와 선한 사람들이 사는 고장."

문진호를 찾았다.

"우째, 정선에 공소를."

"할아버지가 금광을 캐는 정선맨이었음."

✢ ✢

머라. 100년 만에 일어나는 집안사 보자. 조실부모한 문진호의 할아버지는 17세에 머슴을 살 정도로 가난. 강원도에서 골드러시가 터진다. 서울역에서 걸어서 정선으로 출발. 먹고살아야 하니. 막장 도착.

"아빠, 막장이 머야?"

"탄광의 갱도 끝에 있는 채굴 작업장."

저 일할게유. 몇 살이냐? 열일곱 살인디유. 좆 더 먹고 와라. 4개월 동안 곤드레 밥으로 버티며 다이너마이트 심는 구멍 뚫는 연습을 했다. 이제 합격.

할머니는 당시 재산 목록 1호인 재봉틀을 몰래 팔아 10남매의 장남을 춘천고로 유학 보냈다. 집안을 일으켜야 할 거 아니냐. 2년 만에 한국동란. 되는 일이 없군. 부산으로 피난. 영남대 입학. 등록금도 없고. 학도병 1기로 군 입대. 카투사로 들어가 통역장교. 전쟁 끝나고 유명 영어 강사로 이름을 날린다.

5·16 혁명 세력이 찾아왔다. 당신 정선중학교 1기지. 예. 정선에서 국회의원 해라. 싫다. 나 다치기 싫걸랑.

'시사영어학원' 설립. 우리 학원은 강의 전담. 경쟁 업체인 '시사영어사'는 교재 담당. 한동안 잘나간다. 정선의 동생들 9명 다 불러 올려 뒷바라지. 집안을 일으킨다. 이 시사영어학원 회장의 둘째 아들이 문진호다. 이제 정리가 되네.

2007년 문진호의 부친 문창순은 원주교구의 김지석 주교를 찾았다.

"부탁이 있습니다."

"말씀하시죠."

"저희 부친이 정선군 동면에서 태어나신 지 100주년 되걸랑요. 광부로 평생 고생만 하시다 가시고. 제가 4억 던지겠습니다."

정선군 동면 화암리 418번지 1600제곱미터(500평) 구입. 설계자는 당연히 문진호. 산 넘고 물 넘어 4시간 만에 현장 도착. 간판은 죄다 그림바위.

"아빠, 그림 바위가 머야?"

"이 계곡의 바위들이 마치 그림 그려놓은 거 같다."

"이 동네 사람들은 머 해 먹고 살아?"

"곤드레 나물밥 팔아서."

"왜 나물 이름이 곤드렌데?"

"바람에 흔들리는 곤드레 잎의 모습이 마치 술 취한 사람과 비슷해서."

75도로 틀어서 두 날개를 보내고 중앙을 뻥 뚫었다. 좌측 날개는 방 네 개로 구성된 피정의 집. 우측 날개는 공소. 벽에는 유지 관리가 편한 스플릿 타일 붙이고 철골 지붕을 세워 컬러 강판을 붙여 두 날개 연결. 나지막한 앉음새가 정겹고. 국도변에서 보면 우주선 같기도 하고.

"연면적은?"

"317제곱미터(96평)."

"3.3제곱미터당 공사비는?"

"350만 원."

✢ ✢

역시 문진호는 디자이너야. 특히 소품을 잘 만지는. 2009년 가톨릭미술상 수상. 수상 이유. 기존의 고리타분한 공소 틀을 깼음. 앞으로는 첨탑 세우고 십자가 얹지 말 것. 짜증 남. 다시 물었다.

"운전기사 있지유?"

"없음."

"머라. 연봉은?"

"1억2000."

"부인은 일하는지?"

"전업주부."

"자녀는?"

"1남 1녀."

"취미는?"

"자전거 타기."

의외로 소탈.

소크라테스 왈

"좋은 아내를 얻으면 행복한 사람이 되고, 악한 아내를 얻으면 철학자가 된다. 둘 다 이익."

그래 난 글쟁이가 되고.

결혼 앞둔 젊은이들 명심하세유. 특히 남성들. 잘못하면 머슴이 될 수도 있음.

매괴 성당

모든 이에게
모든 것을 주겠다

한 언론 기관이 여론 조사를 했다. 가장 신뢰하는 종교는?

1위. 천주교 67퍼센트.

2위. 불교 60퍼센트.

3위. 개신교 27퍼센트.

"아빠, 왜 개신교가 꼴찌인지 알겠어."

"먼데?"

"길거리 포교 때문. 너무 시끄러워."

마누라에게 물었다. 자녀 교육을 위해서는 엄마의 독서량이 관건.

"우리나라 현직 추기경 이름은?"

"몰라유. 난 천주교 신자도 아니고."

머라. 딸에게 물었다.

"추기경 이름은?"

"정진석인가. 근데 왜 그걸 알아야 돼?"

"국사國師니까."

"국사가 먼데?"

"대한민국이 나아가야 할 방향을 알려주시는 큰 어른. 종교를 떠나서."

"어떤 길로 가래?"

"양심의 길. 책 많이 사 봐라."

"너무 돈이 많이 들어가. 생각해볼게."

정진석. 1931년 서울시 중구 수표동의 독실한 가톨릭 집안에서 태어

☩ ☩

났다. 양가 모두.

부친은 역관.

"아빠, 역관이 머야?"

"통역사."

"그럼 중인이네?"

"응."

"그렇게 센 집안은 아니군. 근데 왜 중인 중에 천주교 신자가 많은 거야?"

"온갖 권력과 재산을 독점하는 권문세가에 대한 항거. 좀 나눠라 이런 거야."

부친은 낮은 화장대 가구 공장을 운영하는 장인 집에서 처가살이. 부친은 좌파. 감옥 들락날락하다가 월북. 숙청. 소식 두절.

추기경은 홀어머니 몫. 중앙고등학교 입학. 취미는 독서. 하루에 1권씩 읽는다. 별명은 범생이.

"아빠, 범생이가 머야?"

"모범생."

딸에게 메시지를 보냈다.

"평생 책값을 아까워해서는 안 된다."

"알았어."

직접 얘기하기보다는 기록으로 남기는 게 사후를 대비하는 첩경.

1950년 서울대학교 공과대학 화학공학과 재학 중 한국동란.

✢ ✢

원수 같은 김일성. 잘 먹고 잘 살아보려고 했는데. 홀어머니도 잘 모시고.

국민방위군으로 참전. 죽이고 살리고.

"아빠, 국민방위군은 머야?"

"1950년 만 17세 이상 40세 미만의 장정으로 구성된 50만 명의 임시 군인."

미군 통역관으로 복무. 전우들은 태반이 굶어 죽고. 나도 이제 죽었다. 그럼 사제의 길을 가겠다.

가톨릭대학교 신학과를 거쳐, 로마 우르바노대 대학원에서 교회법 석사. 1961년 사제 서품. 1970년 청주교구장. 39세에 최연소 주교 서품. 이후 청주성당은 에어컨 가동 중단. 외식 중단. 청빈이 모토. 보좌 신부가 주교님에게 책을 예쁘게 포장해서 선물. 엄청 깨졌다. 쓸데없이 포장하지 마라.

외아들을 주님에게 바친 뒤 홀로 부평에서 삯바느질로 버티던 어머니 1995년 꽃동네 병원 입원. 유언은 이렇다.

"내 안구를 기증하겠다."

2001년 어머니의 유산으로 증평읍에 초중성당 건립.

주보성인은 '성녀 루치아.'

"아빠, 주보성인이 머야?"

"각 성당이 한 분의 성인을 지정해 그분의 삶을 본받는 거."

"왜 이 성당은 루치아가 주보성인이야?"

"추기경님 어머니의 세례명이 루치아걸랑."

"루치아가 누군데?"

✢ ✢

"로마 시대에 순교한 동정녀."

"우리 집도 주보성인 정하자."

"누구로 할까?"

"장자."

"통과."

1998년 서울 대교구장.

1999년 40년 동안 모은 5억을 꽃동네에 기부.

2006년 김수환 추기경에 이어 두 번째로 추기경이 되었다.

추기경의 좌우명은 이렇다.

'옴니버스 옴니아(Omnibus Omnia)'.

모든 이에게 모든 것을 주겠다.

"아빠, 기도가 머야?"

"하느님과의 대화."

1882년 임오군란.

명성황후를 처단하라, 처단하라. 급한 명성황후 궁녀와 옷을 바꿔 입

✝ ✝

명성황후(1851년~1895년). 본관은 여흥. 여주에서 민치록의 딸로 태어났다. 8세에 아버지를 여의고 홀어머니 밑에서 가난하게 살다가 16세에 왕비에 책봉. 일본 정부의 사주를 받은 주한 일본 공사 미우라 고로가 일본 낭인을 궁중에 잠입시켜 난자 시해하고, 시신은 궁궐 밖으로 운반 소각. 그 뒤 폐위되어 서인으로 강등되었다가, 같은 해 10월 복호. 1897년 명성이라는 시호가 내려졌다. 그해 11월 국장으로 홍릉에 묻혔다. 사진은 왕비 책봉 전까지 살았던 감고당.

었다. 장호원으로 도망. 6촌 오빠인 민응식의 집에 숨었다. 청나라에 전화. 도와줘유. 시아버지가 저 죽이려고 하걸랑요. 청나라군 4500명 도착. 흥선대원군 납치. 톈진으로 끌고 갔다. 까불고 있어. 명성황후 궁으로 복귀. 아비규환.

"아빠, 아비규환阿鼻叫喚이 머야?"

"갈수록 태산이군. 아비지옥과 규환지옥의 준말."

불교에서는 지옥을 여덟 군데의 열지옥과 여덟 군데의 혹한지옥으로 나누는데, 여덟 군데의 열지옥 중에 아비지옥과 규환지옥이 있다. 절을 파손하거나 스님을 비방하면 땅속 맨 깊은 곳에 있는 아비지옥에 떨어지고, 죽어서도 뜨거운 불가마에 들어가는 거다.

살생, 도둑질, 음행을 저지른 사람이 들어가는 규환지옥에서는 가마솥에 넣고 삶아버린다. 그러니 아비규환은 불가마의 고통과 가마솥의 고통을 동시에 가한다. 거의 죽어도 죽은 게 아니라고 보면 된다. 오늘도 죽이고 살리고.

"아빠, 대원군은 머야?"

"왕의 아버지."

"왕의 아버지는 상왕 아닌가?"

"철종이 아들이 없어서 용병했걸랑."

"그럼 조선 시대에 이런 경우가 첨이야?"

"대원군이 3명 있었지만 생존한 경우는 흥선대원군이 유일해."

"그래서 시끄럽군."

✚ ✚

민응식(1844년~1903년). 본관 여흥. 1882년 증광문과 급제. 1886년 병조판서. 수구파의 중심으로 개화파 타도에 전력. 갑신정변 때 김옥균이 일본으로 망명하자 자객을 밀파해 살해하려 했으나 실패. 1894년 갑오개혁 때 고금도로 유배. 사진은 고금도 앞바다.

"응."

"이명박 대통령 부친은 살아 계셔?"

"아니."

"다행이군."

부이용 가밀로. 1869년 프랑스 아두르 생. 1888년 파리외방전교회 입회. 1893년 사제 서품. 제물포 도착. 1894년 여주 부영골성당 부임. 너무 골짜기군. 당나귀 타고 장호원 도착.

"야, 이 동네 이름이 왜 장호원이냐?"

"관리들 말 갈아타는 여관이 있었걸랑요."

"그럼 원院이 붙으면 다 여관이라는 뜻이냐?"

"예."

"아빠, 그럼 이태원에도 여관이 있었던 거야?"

"응."

"근데 왜 이태원이 외국인 쇼핑 거리가 된 거야?"

"고려 시대에 몽골 군을 시작으로 청나라군, 왜군, 미군이 용산에 군부대를 상주시키면서 자연스럽게 먹자 거리가 된 거야."

"저 산 밑에 불탄 한옥은 누구 집이냐?"

"민응식 집입니다."

"아, 그 명성황후 오빠 말이냐?"

"예."

"근디 왜 불탔냐?"

✝ ✝

흥선대원군(1820년~1898년). 이름 이하응. 영조의 5대손. 1863년 철종이 죽고 조 대비에 의해 고종이 즉위하자 대원군에 봉해지고 어린 고종의 섭정이 되었다. 천주교도에 대한 무자비한 박해를 가하는 등 쇄국 정치를 고집. 1882년 임오군란으로 톈진에 연행되어 4년간 유폐. 1895년 일본의 책략으로 다시 정권을 장악하였으나 명성황후가 일본인에게 시해되어 정권을 내놓고 은퇴. 사진은 경복궁에서 재현된 왕의 행차.

"왜놈들이 불 질렀는디유."
"민응식은 지금 머 하냐?"
"고금도로 귀양 간 후 소식 두절."
"그리 까불더니만."
"아빠, 고금도가 어디야?"
"전남 완도군에 있는 429만 7000제곱미터(130만 평)의 작은 섬."
"그럼 배 타고 건너가야 돼?"
"2007년 고금대교 완공."

민응식 집터 구입.
1903년 한옥 성당 완공. 미사 집전.
매괴여중·고 짓느라 철거.
1930년 감곡매괴성당 신축. 설계자는 프랑스 신부 시잘레.
길이 40미터, 넓이 15미터, 종탑 높이 36.5미터.
뮈텔 주교 집전으로 축성식. 충청북도 최초의 성당. 충청북도 유형문화재 제188호. 1934년 사제관 건립. 사제관은 지금 박물관으로 전용.

"아빠, 매괴가 머야?"
"묵주."
"묵주가 먼 뜻인데?"
"장미 꽃다발."
"알 몇 개로 만든 거야?"
"59개."

✝ ✝

"왜 59개야?"

"30분 내에 기도 마치라고."

1943년 왜놈들이 들이닥쳤다. 신사를 짓는다나 머라나. 가밀로 신부 기도. 성모님, 벼락을. 꽈꽈꽝. 왜놈들 철수. 터가 안 좋다나 머라나. 큰일 날 뻔했음.

"아빠, 신사神社가 머야?"

"일본에 큰 공을 세운 사람을 신으로 모신 사당."

✝ ✝

"그럼 우리 문묘와 비슷한 거야?"

"전혀 달라. 우리 문묘는 공자님을 비롯한 선비들을 모셨지만 일본의 신사는 전쟁 영웅들을 모신 거야. 칼잡이들의 사당."

"일제강점기에 우리나라에 왜놈들 신사 몇 개 있었어?"

"1400개."

1947년 가밀로 신부 선종. 유언은 이렇다.

"나는 여러분을 만나기 전부터 사랑했다."

역시 세군. 대한민국에서 51년간 봉사하신 분. 역시 사랑엔 국경이 없는 법. 감사하나이다.

1930년 성당을 완공할 때 프랑스에서 주문하여 갖고 온 성모상은 한국동란 때 7발의 총 세례를 받았으나 부서지지 않고 건재하며 지금도 그때의 총상 자국이 뚜렷이 남아 있다.

정식 명칭은 감곡매괴성모순례지성당.

2006년 장봉훈 주교는 감곡본당 주보인 '묵주 기도의 복되신 동정 마리아' 축일을 맞아 교서 발표.

감곡성당을 매괴 성모 순례지로 승인하노라.

성모 순례지 지정은 1991년 수원교구 남양성모성지에 이어 한국 교회에서 두 번째다.

충청북도 음성군 감곡면 왕장리 357-2.

주자 왈

오늘 배우지 않고 내일이 있다 하지 말고,

✝ ✝

서울 문묘. 서울 종로구 명륜동3가 53. 보물 제141호. 1398년 창건. 1400년 소실. 1407년 중건. 임진왜란으로 소실. 1602년 대성전 중건. 1606년 명륜당 중건. 공자를 비롯해 증자·맹자·안자·자사 등 5대 성인과 공자의 뛰어난 제자들인 10철, 송조 6현, 그리고 우리나라 명현 18인의 위패를 모시고 있다. 의외로 안 가보신 분들 많더군요.

올해에 배우지 않고 내년이 있다 하지 마라.
세월은 흘러가는 것,
시간은 나를 기다리지 않나니.
아셨죠.

✝ ✝

성모마리아. 신약성서에 의하면 갈릴리 지방 나사렛 마을에 살았고, 목수 요셉과 혼약하였으나 천사의 계시로 처녀 잉태. 출산이 임박하여 헤로데 왕의 호적 일제 조사 명령이 내려져 베들레헴으로 갔으나 숙소를 잡을 수 없어 교외의 동굴 안에 있는 마구간에 들었다가 거기서 예수를 낳았다. 그리스도가 하느님 나라의 복음을 전하다가, 마지막에 십자가에 처형되자 그 십자가 곁에서 끝까지 그리스도와 함께 고통을 나누었다.

배론성당 약속의 땅으로 가는 길

비테르보에서 진행된 교황 선거는 1268년 말 시작되어 1271년까지 거의 3년 동안 진행.

비테르보 시민들 열 받았다.

추기경들을 한곳에 감금하고 빵과 물만 공급.

배고픈 추기경들은 즉시 교황 선출.

2005년 4월 2일 교황 바오로 2세 선종.

80세 미만의 추기경 120명 로마 도착.

바티칸 안의 시스티나성당에 가뒀다.

이게 콘클라베다.

자물쇠 채웠다. 알아서들 하세유.

빵과 포도주, 물만 공급.

휴대폰 압수.

모든 통신 차단.

독방에 갇힌 채 마스크 쓰고. 대화 금지.

3분의 2 이상의 득표자 나올 때까지 계속.

굴뚝에서 검은 연기가 오른다.

투표 다시.

계표인은 투표 용지를 읽을 때마다, "나는 뽑는다(eligo)" 하는 낱말을 바늘로 찔러 투표 용지들을 실에 꿰어 안전하게 보전.

투표지 부족이면 즉시 소각. 재선거.

커닝하면 즉시 파문이고.

✝ ✝

밖에는 소방차 대기 중.

불이 나도 나올 수 없고.

흰 연기가 올랐다.

제265대 교황에 베네딕토 16세 당선.

바티칸시국과 한국은 1963년 외교 관계 수립.

1974년 주 바티칸(교황청)대사관 개설.

"아빠, 교황은 전용기 있겠지?"

"없어. 빌려 타."

"월급은 얼마야?"

"없어."

"임기는 몇 년이야?"

"없어. 죽을 때까지."

"그럼 그걸 머 하러 해?"

"몰라."

황사영(1775년~1801년).

1790년 사마시 합격.

"아빠, 사마시司馬試가 머야?"

"생원과 진사를 뽑는 예비시험."

"그럼 사마시 합격하면 말 타고 다녀?"

"응."

정약용의 큰형인 정약현의 사위가 된다. 정약용의 셋째 형 정약종의

✝ ✝

교황청. 교황청의 2003년 한 해 수입은 약 3021억, 지출은 3164억. 143억 적자. 적자의 주요인은 2674명에 달하는 직원 인건비. "조금만 눈을 돌려보시오. 여러분도 마음이 아프지 않습니까. 그 풍요로움이 마음의 가시가 되지 않습니까. 오랜 궁핍과 굶주림에 허덕이는 이들을 그처럼 외면할 수가 있습니까. 이제 조직적인 방법으로 그들과 함께 나누어 가질 수 있는 제도를 만드십시오. 이것이 바로 정의로운 사회 개혁입니다." 교황 요한 바오로 2세 왈.

인도로 천주교도가 되고. 1794년 중국인 신부 주문모가 지도하는 명도회明道會(최초의 평신도 단체) 가입.

1801년 신유박해 때 배론으로 피신. 충북 제천시 봉양면 구학 2리, 백운산(해발 582미터)과 구학산(해발 985미터) 사이 깊은 계곡은 배 밑바닥 같이 생겼다. 그래 순수 우리말인 '배론[舟論]'이라 불린다. 옹기점을 운영하던 김귀동의 도움으로 옹기점 뒤에 토굴을 파고 옹기 저장고로 위장 8개월간 은신. 옹기 만들어 내다 팔면서 생계유지.

✚ ✚

밤에는 호롱불 켜고 아멘. 토굴 속에서 박해의 상황을 명주 천에 적어 나간다. 이게 바로 '명주에 담은 신심', 곧 '백서帛書'다. 흰 명주 천에 쓴 122행, 1만 3384자에 달하는 장문의 편지.
베이징 교구장인 구베아 주교에게 전달하려던 옥천희와 황심 체포. 황사영도 체포 서울로 압송. 백서는 박해자들의 손으로 넘어가고.

"배교해라."

"미쳤냐."

"너 죽을래."

"너 이거 아냐. 넌 그냥 포졸 1, 2로 역사에 기록되지만 난 언젠가 성인에 등극하는 거."

"성인이 먼데?"

"성스러운 인간. 신의 경지에 오른."

"죽은 다음에 그게 먼 소용이 있냐."

"넌 안 죽냐?"

"언젠가 죽겠지."

"너 학교 어디까지 나왔냐?"

"초딩 졸."

"공부 좀 더 해라."

"머라. 쳐라."

황사영은 1801년 11월 5일 서소문 밖에서 능지처참.
이제 27세. 그의 홀어머니는 거제도로, 부인은 제주도로, 외아들은

✚ ✚

서대문 밖 순교 현양탑. 서울시 중구 의주로2가 서소문공원내에 있다. 1416년 이후 이곳은 사형터. 44명의 성인이 이곳에서 참수되고. 1999년에 중건된 현양탑. 지금은 노숙자들이 점령 중이고.

추자도로 유배.

이 백서를 1894년 고문서 의금부 창고에서 발견한 이건영은 뮈텔 주교에게 전달. 뮈텔 주교는 사본은 절두산 기념관에 보관하고 1925년 한국 순교자 79위 시복식 때 교황 비오 11세에게 봉정奉呈(문서를 삼가 받들어 올림). 현재 원본은 바티칸에 소장돼 있다.

박해迫害(못살게 굴어 해롭게 함) 할수록 더 세지는 게 종교의 속성. 1명 죽이면 신자는 2명이 되고, 2명 죽이면 신자는 4명이 되고, 4명 죽이면 신자는 8명이 되나니.

"아빠, 일본은 성인이 몇 분이야?"

"42명."

"우리가 훨 많군."

"응."

파리외방전교회의 메스트르 신부(1808년~1857년)는 1855년 세 칸

짜리 장주기의 초가집에 성 요셉 신학교 설립. 대한민국 최초의 서양식 학교. 1856년 교장으로 부임한 푸르티에 신부는 3명의 학생으로 시작. 1862년 프티 니콜라 신부 교수로 부임. 1866년 이번엔 병인박해. 푸르티에, 프티 니콜라 신부 체포. 신학교 폐쇄. 서울로 압송된 두 신부 역시 군문효수형軍門梟首形. 머리를 잘라 장대 높이 끼워 매달아 군부대 문 앞에 많은 사람이 볼 수 있도록 세워두었다.

신부님들 유언은 이렇다.

"고맙습니다. 흥선대원군 합하. 곧 만나시죠. 먼저 갑니다."

"아빠, 103위 성인 중 외국인 신부는 몇 명이야?"

"10명."

1658년 설립된 파리외방전교회는 지금까지 300여 년 동안 4137명의 신부 중 163명이 한국, 중국, 베트남에서 순교.

폐쇄된 이 신학교는 한국동란 때 소실. 2003년 충청북도의 지원으로 초가집 복원.

집 주인 장주기 역시 충청도 갈매못에서 순교. 장주기는 1968년 복자에, 1984년 성인의 반열에 오름. 흥선대원군은 들으라. 계속 죽여봐야 소용없다. 순교자는 성인이 되어 부활하나니.

"아빠, 복자福者는 또 머야?"

"목숨을 바쳐 신앙을 지켰거나 생전에 뛰어난 덕행으로 영원한 생명을 얻었다고 믿어져 공경의 대상이 된 준성인."

최양업. 이분도 장난 아니다. 부친이 103위 성인 중 한 분인 최경환,

✚ ✚

장주기(1803년~1866년) 경기도 수원 생. 1826년 천주교에 입교. 박해를 피해 배론으로 옮겨 가 교우촌의 회장으로 활동. 1866년 배론신학교에서 푸르티에, 프티니콜라 신부가 체포될 때 제천의 산골로 피했다가 교우들의 피해를 걱정해 자수. 충남 보령시 갈매못에서 효수형으로 순교. 사진은 갈매못성지.

모친은 순교자 이성례. 1836년 최방제, 김대건과 함께 마카오로 유학. 최방제는 신부 수업 중 풍토병으로 소천. 1849년 상하이에서 한국인 2호 신부가 된다. 1861년 문경에서 과로로 쓰러진다. 혼자 전국의 사목을 맡아야 되니. 푸르티에 신부가 문경으로 뛰어가 병자성사. 이곳으로 모셔와 신학당 뒷산에 묻는다.

"아빠, 사목司牧은 머야?"
"사제가 신도를 지도해 구원의 길로 이끄는 일."
"그럼 우린 양이야?"
"응. 길 잃은."

1924년 배론공소 건립. 1957년 배론공소 강당 신축. 1966년《황사영 백서》발행. 1972년 배론 성지화 작업 착수. 1987년 서울대 이원순 교수의 고증으로 황사영 토굴 복원. 한 6.6제곱미터(2평) 될라나. 이 캄캄한 굴속에서 8개월을 버텼다고라. 1999년 순례 성지로 지정. 충청북도기념물 제118호.

딸과 성지를 찾았다. 순례객들은 계속 밀려들고. 걸어서.

"아빠, 신부님이 제일 뒤로 처졌는걸. 땀도 엄청 흘리시네."
"먹는 게 부실해서 그래. 홀아비라."

성지 안마당의 시비 보자.
약속의 땅으로 가는 길.
당신은 순례자
빨리 목적지에 다다르고 싶어 마음이 급하지요.

✚ ✚

최양업(1821년~1861년) 충남 청양 생. 본관 경주. 1836년 프랑스 신부 모방에게 최방제, 김대건과 함께 신학생으로 선발. 1849년 상하이에서 마레스카의 집전으로 신품을 받고 조선 천주교 사상 두 번째 신부가 되었다. 요동에서 중국인을 대상으로 사목 활동을 전개하다 13년 만에 홀로 귀국. 경신박해가 일어나자 경상도 울주군 상북면 이천리에 숨어 지내다 문경에 있는 교우촌에서 과로로 사망.

인생길은 순례의 길,

서두르지 마십시오.

약속의 땅으로 가기 위해 광야에서 40년을 돌아가야 했던

이스라엘 백성들처럼 기도하면서 미로를 따라 걸어보십시오.

✝ ✝

인생 여정에는 동서남북, 사해팔방, 춘하추동, 생로병사,
유소년기, 청년기, 장년기, 노년기가 있습니다.
어느 과정도 생략할 수 없고 모두 거쳐야만 목적지에 이릅니다.
인생에는 지름길이 없습니다.
참고 견디면서 묵묵히 걸으면 반드시 약속은 이루어집니다.
1996년 배론성당 건립에 나선다. 최양업 신부를 기리는 성당.
연면적 1900제곱미터(600평)의 배론성당. 당연히 배 모양으로 간다.
야. 배 만들어라. 순식간에 거대한 함선이 완성되었다.

"신자들은 어디 앉냐?"

"글쎄요. 급경사라 앉기 힘들겠네요."

"이런 무식한 것들 같으니라고. 반으로 뽀개. 야. 톱 가져와."

반으로 뚝 잘렸다.

"이제 어쩌죠?"

"타워 크레인 불러와."

반 토막 난 목재 함선을 좌우로 10미터 들어 올렸다.
"좌우로 기울이고 붙여봐. 이제 됐지. 안에들 들어가 앉으라고 해라."

"선상님, 너무 어두운 거 아닌가요?"

"그래? 좌우로 2미터 띄우고 그 틈에 유리 끼워. 저게 인마
천창이라는 거야. 너 함선에 천창 있는 거 봤냐?"

"아니요."

"그러니까 하는 거야. 이제 벽 세워."

✢ ✢

그래 이 배론성당은 뒤집어진 함선이 된다.
"소성당도 똑같이 하면 되남유?"
"그걸 질문이라고 하냐."
그래 이 성당은 뒤집어진 큰 신부님 배와 작은 수녀님 배로 구성되나니. 이 계곡에 홍수 나도 별 걱정은 없겠다. 떠다니면 되니까. 단, 뒤집어져 있으니까 조심할 것. 가라앉을 가능성이 농후함. 운행 시 뒤집어야 됨.
천장이 파도를 친다. 제단 위의 높은 뱃머리에는 최양업 신부가, 후미에는 황사영이 올라타고.
"가자."
"어디로요?"
"나도 몰라 인마. 꼭 목적지가 있어야 되냐."
어디로 갈거나.
"딸아, 가자!"
"어디로?"
"니가 가고 싶은 대로."
여러분, 자녀들은 우리의 미래입니다. 가고자 하는 길로 가게 내버려두시죠. 그게 맞는 길. 우린 지켜볼 뿐. 내 맘대로 되는 건 없는 법. 이미 우린 흘러간 유행가.
주기도문.
1. 하늘에 계신 우리 아버지여

✝ ✝

2. 이름이 거룩히 여김을 받으시오며

3. 나라에 임하옵시며

4. 뜻이 하늘에서 이룬 것같이

5. 땅에서도 이루어지이다

6. 오늘날 우리에게 일용할 양식을 주옵시고

7. 우리가 우리에게 죄 지은 자를 사하여준 것같이

8. 우리 죄를 사하여주옵시고

9. 우리를 시험에 들게 하지 마옵시고

10. 다만 악에서 구하옵소서

11. 나라와 권세와 영광이 아버지께 영원히 있사옵나이다

주여 제 책 대박 나게….

아, 참 나 무종교지.

✚ ✚

부활성당

의로움에 목을
내놓겠다

"아빠, 기독교는 순교자 없어?"

"천주교의 10분의 1 수준."

"왜 적어?"

"늦게 들어왔걸랑."

너무 천주교 얘기만 했나. 보자.

로버트 저메인 토머스(1839년~1866년). 웨일스에서 목사의 아들로 태어났다. 런던대학교 졸. 런던선교회 소속으로 부인과 함께 청나라 행. 런던선교회는 기독교 불모지인 아프리카, 아시아에 주님의 말씀을 전하는 게 목표. 가톨릭에 파리외방전교회가 있다면 기독교엔 런던선교회가 있나니.

1866년 미국의 상선인 제너럴셔먼호에 통역으로 탑승해 조선행. 대동강 진입. 관찰사 박규수는 평양에 온 목적을 물었다. 비단, 자명종과 홍삼을 맞바꾸자. 됐걸랑. 나가라. 다음 날 만경대 상륙. 이현익 등 구금. 머라, 이놈들을. 이현익을 풀어줘라. 쌀 1000석을 갖고 와라. 박춘권은 배를 타고 가서 이현익을 구출해내지만 유순원과 박치영은 살해당한다. 가뭄으로 물이 빠져 셔먼호는 양각도 모래톱에 좌초. 총공격. 셔먼호 격침. 전 승무원 23명 사살. 그래 28세의 토머스는 최초의 기독교 순교자 등극.

"아빠, 기독基督이 머야?"

"그리스도의 중국 발음."

1882년 조미수호통상조약 체결. 1883년 초대 푸트 공사 서울 도착.

✢ ✢

한국기독교순교자기념관. 1984년 영락교회의 신자가 용인시 양지면 36만 제곱미터(11만 평) 야산 기증. 미 교포 신자가 100만 달러 기부. 1989년 한국기독교순교자기념관 건립. 1884년 이후 순교한 2600명 중 600명 헌정. 설계는 정림건축.

민계호의 한옥을 사들이고 정동 시대 개막. 명성황후의 유일한 혈육 민승호 의문의 폭사. 15세의 민영익 입양. 황후의 유일한 혈육. 18세에 과거 급제. 19세에 이조참의.

1883년 보빙 사절단장 민영익 제물포항 출발, 일본 도착. 통역사 로웰 대동 샌프란시스코 도착. 조선 최초의 외교 사절단 국빈 대우. 대륙 횡단 열차로 5일 만에 시카고 도착. 뉴욕 피프스 애버뉴 호텔에서 미 제21대 아서 대통령 알현. 사절단은 큰절을 올렸다. 저희는 공자

✝ ✝

의 나라에서 온 선비들이걸랑요. 미 언론 특종. 조선은 동방예의지국 맞다.

이제 문은 열렸고.

1884년 감리교 로버트 맥클레이 선교사 제물포항 도착.

1884년 9월 중국에 있던 알렌 선교사(1858년~1932년) 입국. 부전공은 의학.

12월 갑신정변.

칼에 맞은 민영익을 알렌이 살려낸다. 10만 냥 하사. 알렌은 이 돈으로 최초의 서양식 의료 기관인 광혜원廣惠院 설립. 널리 은혜를 베푸는 집. 주님의 사랑도 베풀고. 일석이조.

1885년 최초의 개신교 대표 아펜젤러 목사 제물포항 상륙.

1837년 입국한 천주교 앵베르 신부보다는 49년 늦다.

4대 박해도 다 끝났고.

"아빠, 4대 박해가 머야?"

✝ ✝

"1. 1791년 신해박해. 2. 1801년 신유박해 3. 1839년 기해박해 4. 1866년 병인박해."

1885년 입국해 광혜원 원장으로 백성들을 돌보던 존 헤론 선교사 1890년 이질로 간다. 이제 33세.

고종의 주치의인 알렌은 고종에게 양화진을 외국인 묘지로 하사해 줄 것을 요청. 머라. 도성 30리 안에는 묘를 쓸 수 없걸랑.

좋다. 정동 미 공사관에 존 헤론 안치. 난리가 났다. 연일 상소가 빗발치고 도성 밖으로 이장하라 훌라 훌라.

영국 공사는 조영수호통상조약서를 들이댄다.

"조선은 통상 지역 내에 외국인 묘지를 무상으로 제공해야 되걸랑."

1890년 12월 버들꽃 우거진 나루터 양화진은 외국인 묘지가 되고 존 헤론 묘 이장.

1984년 한국 기독교 선교 100주년.

한국 교회 20개 교단 100명이 모여 100주년기념사업회 발족.

영락교회의 한경직 목사가 500여 명의 외국인이 묻혀 있는 양화진 외국인 묘역을 찾았다. 쓰레기 더미로 가득 차 있잖아.

어렵사리 묘원을 관리하던 언더우드 목사의 손자 호레이스 언더우드는 한경직 목사에게 부탁. 이제 외국인 묘원은 100주년기념사업회로 넘어가고.

한경직 목사는 재벌들을 불러 모아 오찬 기도회.

"도와주십시오. 천당 가고 싶으면."

✝ ✝

양화진. 한강의 조운을 통해 삼남 지방에서 올라온 세곡을 저장하였다가 재분배하던 곳. 병인양요 이후 1만여 명의 가톨릭 신자들을 붙잡아 이곳에서 목을 잘라 처형해 절두산으로 이름도 바뀌고. 순교 100주년째인 1966년, 이곳에 순교기념관을 건립하여 그들의 넋을 위로하고 순교 정신 현양. 설계는 이희태. 사진은 절두산순교기념성당. 사진: 박영채

정주영 회장이 손을 들었다.
"건축비가 얼마닙까?"
"7억."

비서를 불러 손가락을 두 개 들었다.

2억.

김우중 회장 열 받았다.

손가락 두 개 들었다.

2억.

머야 이거. 대농그룹의 박용학 회장이 다시 손가락 두 개 들었다.

이런 식으로 순식간에 7억이 모였다.

한국기독교선교기념관 건립.

"아빠, 할렐루야가 먼 말이야?"
"야훼를 찬양하라."
"그럼 야훼가 하느님이야?"
"당근."

1989년 개신교 52개 교단이 모여 한기총 창설. 지금은 66개 교단. 산하 신도 수는 1000만 명.

"아빠, 이명박 대통령 소망교회 장로지?"
"응."
"작년에 소망교회 헌금액이 300억이래."
"머라."

✢ ✢

1801년. 신유박해.

군사 훈련장인 숲정이로 천주교도들이 끌려 왔다.

지금의 전주시 덕진구 진북 1동 1034-1번지.

유종철과 이순이가 끌려 나왔다.

"너희 둘 부부지?"

"응."

"야, 왜 반말이야?"

"그럼 가는 마당에 존대하랴?"

"그렇군. 너네 부부라며 왜 잠자리를 같이 안 하냐?"

"동정 부부라."

"몰래 하지?"

"아니."

"별 미친놈 다 보겠네. 쳐라!"

유항검과 일가족 8명 사형.

"아빠, 숲정이가 머야?"

"칙칙한 숲."

대충 가매장.

1914년 보드네 신부가 중바위산 300미터 정상에 모셨다. 이제 산 이름도 바뀌고. 치명자산.

"아빠, 치명이 머야?"

"견위치명 見危致命. 의로움을 위해 목숨을 바친다."

✝ ✝

숲정이 성지. 군 지휘소인 장대가 있던 곳으로, 조선 시대 천주교도들의 사형장. 1801년 유항검의 처 신희, 제수 이육희, 자부 이순이 등 유항검의 가족을 처음 참수. 한동안 해성고등학교가 있었으나 1992년 학교가 이전하면서 숲정이 성지 조성.

"또 공자 왈이야?"

"응."

7인 합장묘. 1987년 묘 아래에 성당 건립 착수. 길도 없고. 신자들이 자재를 나른다. 7년 만인 1994년 축성.

1839년. 기해박해.

신태보 등 5명 사형.

1866년. 병인박해.

손선지, 정문호, 한재권, 조화서, 이명서, 정원지 등 6명 사형.

이 6명은 1984년 성인품에 올랐다. 갈 때 잘 가야.

1935년 이명서 성인의 손자가 숲정이 터 매입. 십자가를 세운다. 손선지의 아들 손순화가 시신 수습. 대책회의.

"야, 어디로 갈까. 조용한 데 없냐?"

"천호산 기슭으로 가자. 야, 근디 천호天壺가 먼 뜻이냐?"

"순교자의 피를 담은 병."

"가자."

"아빠, 서울의 천호동과 관계가 있나?"

"아니 거긴 1000호의 집이 모여 사는 좋은 동네란 뜻."

지금의 전북 완주군 비봉면 내월리 천호동에 대충 묻었다. 주인 몰래. 1909년 땅 주인인 고흥 유씨가 복덕방에 땅을 내놨다. 되재성당의 베르몽 신부가 148만 제곱미터(45만 평) 매입.

"아빠, 되재성당은 첨 들어 보는데? 되재가 머야?"

✝ ✝

치명자산 성지. 전주시 완산구 대성동 산11번지. 전북기념물 제68호. 전주의 몽마르트로 불린다. 순교의 언덕.

"쌀을 담는 국자를 뒤집어놓은 듯한 고개."

1941년 72만 제곱미터(22만 평) 전주교구에 봉헌.
1983년 호남교회사연구소가 일부 유해 발굴.
1984년 천호성지 지정.
2006년 서울대 건축과 김광현 교수에게 전화가 왔다. 전주 교구장 이병호 주교다.

"천주교 신자인 감유?"
"예."
"한번 들르시죠."

김광현. 서울대 건축과 학사, 석사. 도쿄대 박사. 1979년 서울시립대 교수. 1993년 이후 서울대 건축과 교수. 승효상, 김진애와 함께 74학번 3인방.

〈시사저널〉에서 존경받는 건축가 5명을 뽑았다. 보자.

1위. 류춘수. 이공건축 대표. 상암동 월드컵경기장 설계로 뽑혔나.

2위. 김수근. 당연한 순위고.

3위. 김중업, 승효상. 역시 당연한.

5위. 김광현 교수

머야 이거. 그 정도는 아닌데. 천호부활성당 덕인가?

대한민국 천주교는 전국을 16개 교구로 나누고.

서울대교구, 대구대교구, 광주대교구. 대주교 3인이 분할 통치. 군림하지만 자율제.

부산교구, 청주교구, 마산교구, 안동교구, 춘천교구,

대전교구, 인천교구, 수원교구, 원주교구, 의정부교구,

전주교구, 제주교구, 군종교구. 주교 13인이 통치.

천호성지를 찾았다. 삼각형 계곡이군. 그럼 나도 삼각형으로 하겠다. 대지 모양도 사다리꼴이고. 삼각형 20개로 평면을 쓸었다. 브리핑. 다시 해 와유. 예. 주교에게 댐빌 수도 없고.

70차례 브리핑. 설계비는 휘발유 값으로 다 나가고. 4번 완전 뜯었다. 김광현은 빌었다.

　　"주교님, 저 이제 교수 지겹습니다. 역사에 남게 해주십시오."
　　"비 새는 거 아니지요? 디자인이 강하면 만날 샌다던데."
　　　"비 새면 교수 사퇴하고 머리 깎겠습니다."

✚ ✚

"통과."

지하에 8500기 들어갈 납골당 놓고. 성지를 찾아 관리자에게 물었다.

"납골당에는 신자만 들어올 수 있남유?"

"그럼요."

"여기 성지 면적은?"

"82만 제곱미터(25만 평)"

"이 부활성당 신자 수는?"

"없음. 그냥 성지임."

"그럼 운영비는?"

"몰라도 됨."

"사진 좀 찍어도 되남유?"

"안 됨. 지역 주민들 민원이 빗발쳐서."

1층으로 올라갔다. 미사 중. 들어갔다. 수녀님이 막아선다.

"촬영해도 되남유?"

"미사 끝나고 신부님 허락 받을 것."

입구는 천장고 4미터, 제단은 13미터. 경사진 외벽에는 여기저기 구멍을 뚫었다. 그래 예배당은 숲이 되고.

"교수님 외벽 마감은?"

"주변 둘러봐라. 다 무슨 나무냐?"

"다 소나무네유."

"그럼 뭐로 해야것냐?"

✝ ✝

"송판 거푸집이오."

어느 게 숲이고 어느 게 성당인지 아리아리. 이런 걸 우린 인문학적인 건축이라고 하는 거다. 자연 속에 들어가 자연을 완성하는. 총공사비 28억.

"아빠, 그 많은 돈 어디서 난 거야?"
"신자가 던졌어."

건설업으로 큰돈을 벌어 던진 거다. 역시 돈은 좋은 일에 쓰려고 버는 법.

내부 마감도 전부 원목 각재. 음향 조절에도 좋고. 완전 숲정이.

2008년 천호성지 입구에 한옥으로 1953년 소실된 천호공소 복원. 또 신자가 5억을 던진 거다. 누구는 챙기고 누구는 던지고. 참 세상은 요지경.

개인적으로도 안면이 있는 김 교수님 축하드립니다. 56세가 되어서야 이름을 남기시네유. 하나도 못 남기고 가는 건축가가 태반이니.

✢ ✢

복원된 천호공소

상홍리 공소

어서 죽어야지

✝ ✝ ✝ ✝ ✝ ✝ ✝ ✝

김수환. 1922년 대구 생. 본관 광천.

조부 김보현은 1868년 무진박해 때 순교.

부친 김영석은 옹기 팔아 8남매 부양하다 1937년 선종.

어머니가 포목 행상으로 자녀 부양.

1941년 서울 동성상업학교 을조 강제로 입학. 갑조는 상업학교, 을조는 신학교.

공베르 신부(1875년~1950년)를 찾아갔다.

"신부님, 억울합니다. 저는 결혼해서 아들 많이 낳고 평범하게 살고 싶은데 어머니의 강요로. 저 학교 그만두겠습니다."

"맘대로 해라. 신부는 되고 싶다고 되고, 되기 싫다고 안 되는 게 아니걸랑."

"아, 예."

도쿄 조치대학 철학과 입학.

제2차 세계대전으로 1944년 귀국.

1951년 가톨릭대학 철학과 졸. 사제 서품.

안동성당 주임신부.

1955년 김천시 황금동성당 주임신부.

1964년 주간 가톨릭시보 사장.

1966년 마산교구장.

1968년 제12대 서울 대교구장.

강화도의 심도직물이 근로자 불법 해고.

✝ ✝

김수환 추기경 생가. 김 추기경은 7살 무렵 부모를 따라 군위 인근으로 이사해 초등학교 4학년 때까지 이곳에서 생활. 경상북도 군위군 군위읍 용대리 927번지. 2006년 복원.

1968년 대한민국 역사상 처음으로 인권 기자회견.
얘들 전원 복직시켜라.
6일 만에 전원 복직.
김수환 추기경은 이제 대한민국 역사상 최초의 사제 인권 변호사가 된다.

"아빠, 김 추기경 증 있어?"

"응."

"시험 안 본 거 같은데."

"사제는 시험 안 봐도 돼."

"불법 아니야?"

"사제는 실정법 상위법을 따르걸랑."

1969년 교황 바오로 6세에 의해 한국 최초의 추기경이 되었다.
47세. 당시 134명 추기경 가운데 최연소.

"아빠는 그 나이에 머 했어?"

"택시 운전."

"하늘과 땅 차이군."

"약 올리는 거냐?"

"아니. 그렇다고."

"추기경은 먼 뜻이야?"

"우두머리."

1976년 시흥시 철거민촌에서 전화가 왔다. 힘 좀 쓰는 놈이 알박기

를 한 모양이다. 중앙정보부에 전화.

"나, 추기경인데."

"아, 예 정보국장입니다."

"부탁이 하나 있네."

"말씀만 하십시오."

"시흥시에 알박기 한 거시기라는 놈 아나?"

"예, 압니다. 돈 좀 가진 놈이죠."

"잘 좀 처리해주게."

"알겠습니다."

당황한 국장은 청와대에 전화.

"어쩌죠?"

"야, 추기경님이 또 기자회견 하면 너 죽어."

일사천리.

"아빠, 추기경이 국가 기관에 전화해서 부탁해도 되는 거야?"

"추기경은 다 돼."

1980년 광주민주항쟁 발발.

우째 이런 일이.

광주 지역 총사령관 윤공희 주교에게 1000만 원 전달.

애들 약값에 보태 써라.

"아빠, 당시 광주에서 몇 명 죽었어?"

"200여 명."

"누가 죽였는데?"

"대한민국 군인이."

"우리가 우리를 죽였네. 그때 아빠는 머 했어?"

✢ ✢

"짱돌 던졌지."
"누구한테?"
"대한민국 경찰한테."
"헷갈리네. 엄마는 그때 머 했어?"
"중 2."
"차이가 많이 나는군."
"응."

1984년 한국 천주교 전래 200주년 기념 성회를 교황 요한 바오로 2세가 집전한 가운데 개최.

1987년 6·10 항쟁. 학생들이 명동성당으로 숨었다. 경찰이 쳐들어왔다. 추기경이 막아섰다.

"내놓으시죠. 저희 완전 무장했걸랑요. 곤봉도 있고."
"그래! 나, 내 뒤의 신부들, 수녀들 다 주워 패고 들어가라."

청와대에 전화.

"안 되겠는디유."
"사표 써라."

1998년 서울 대교구장 은퇴.
2002년 필생의 꿈이었던 운전면허 시험 도전. 이미 71세.
운전기사가 문제집을 사 왔다. 예비 시험.

"비보호 사거리에서 좌회전하던 차를 직진하던 차가 받았다. 누구 잘못일까요?"

✚ ✚

"받은 놈."

"틀렸음. 아니 추기경님, 이것도 몰라유?"

"시끄러 인마. 다음."

"속도 위반. 15킬로미터 초과는 범칙금이 얼마일까요?"

"3000원."

"3만 원이걸랑요."

"야, 왜 그렇게 비싸냐?"

"포기하시죠."

운전기사가 갖고 있는 휴대폰으로 메시지가 왔다.

"추기경 할부지 사랑해요."

추기경 문자 메시지 도전.

"ㄴㅏ도. 거시기."

"야, 이거 머 눌러야 되나?"

"추기경 님 대학 나온 거 맞아유?"

"머라."

기자가 찾아와 물었다.

"어른들이 '어서 죽어야지'라는 거짓말을 자주 하는데. 이런 거짓말 한 적 있는지요."

"매일 함."

머라. 추기경이 거짓말을. 대서특필. 추기경도 거짓말 함. 그것도 매일.

"취미는?"

"고스톱."

대서특필. 추기경도 도박함.

"꿈이 있다면?"

"여자 친구와 손잡고 영화 보는 거."

"지금 지갑에 얼마 있남유?"

"5000원."

"영화 표 두 장 사려면 2만 원은 있어야 되는데."

"머라, 언제 그렇게 올랐냐?"

2009년 2월 16일 선종. 유언은 이렇다.

✝ ✝

"고맙습니다. 서로 사랑하세요."

"아빠, 엄마랑 인제 고만 싸워."

"알았어."

"근데 추기경 님 호가 머야?"

"바보."

1418년 해미읍성 축조. 둘레 1800미터, 높이 5미터. 면적 6만 6000 제곱미터(2만 평). 내포지방 방어 총사령부 주둔.

1790년 해미읍성의 병마절도사에게 전화가 왔다. 천주교도 다 죽여라. 해미읍성에 큰 감옥 두 개 신축. 병마절도사가 마을 순찰에 나섰다. 농부들이 자리개로 곡식 단을 묶어서 타작하고 있다. 재밌군.

"얘들아, 천주교도들을 자리개질해서 죽여라."

"우찌하라는 건지."

"팔다리를 들어서 돌에 패대기쳐서 죽이라고."

"아, 예."

"아빠, 자리개가 머야?"

"짚으로 만든 굵은 줄."

인간들은 어디까지 타락할지 알 수 없는 법.

"장군, 자리개질은 너무 힘이 드는디유?"

"그럼 여러 명 눕혀놓고 큰 돌 떨어뜨려 죽여라."

한 명이 꿈틀거린다. 횃불로 지져 죽이고. 확인 사살.

1801년 신유박해, 1839년 기해박해, 1846년 병오박해 때까지 2000

✛ ✛

명 죽이고. 1814년 김대건 신부의 증조부 김진후도 여기서 옥사. 1866년 병인박해. 이번엔 한꺼번에 1000명 사형. 피는 강을 이루고. 기록도 없고.

"장군 죽일 놈이 너무 많은디유."

"그냥 벌판으로 끌고 가서 생매장해라."

어라 재밌네. 둠벙에 수장하기도 허고. 사형 방법 기네스북에 등재해야겠군.

"아빠, 둠벙이 머야?"

"물웅덩이의 방언."

파리외방전교회 사제들은 관례대로 부활 셋째 주간 월요일에 피정을 시작하여 그 주간 토요일에 피정을 마치면서 인사 발령. 1908년 서산 지방 선교를 위해 충청남도 결성군 구항면 공리에 '수곡본당' 설립하고 초대 본당 신부로 폴리 신부 파견.

"아빠, 왜 도시 이름이 서산瑞山이야?"

"옥녀봉이라는 상서로운 산이 있걸랑."

1920년 정면에 삼문을 세우고 바실리카형 한옥 상홍리공소 건립. 등록문화재 제338호.

"아빠, 폴리 신부님 강화도의 성공회성당 다녀오셨군."

"응."

1932년 제6대 주임 바로 신부 도착.

1935년도 순교자 유해 발굴 시작. 유해들을 상홍리공소 뒷마당에 임

✚ ✚

시로 안치. 70여 명 이외에는 모두 무명 순교자.

신자가 증가하자 1937년 서산시 동문동 665-5에 신축 동문동성당 건립 이전.

돈이 없어 대충 시멘트 벽돌 쌓고 백색 페인트 마감.

등록문화재 제321호.

1985년 해미본당 창설. 전국적인 모금 시작.

1995년 상홍리공소 뒷마당의 무명 유골 해미성지로 이장.

1998년 생매장 성지 2만 3000제곱미터(7000평) 매입. 1999년 성전 건립 기금 모금. 2003년 기념 성전 건립.

딸과 해미읍성 도착. 입간판에 여숫골이라고 쓰여 있다.

"아빠, 여숫골이 머야."

"이곳 천주교도들이 그 옛날 예수 마리아를 여수머리로 알아듣고 전하다가 부르기 쉽게 여숫골이 된 거야."

국민 여러분 아시남유. 이곳 해미순교 성지는 전 세계에서 유일한 생매장 성지라는 거.

"딸 대한민국 인간들 조심해라."

"알았어."

2008년 상홍리공소에 설립 100주년 기념비 설치.

"아빠, 해미성당은 얘기 안 해?"

"응. 너무 못생겼어."

"누가 설계했지?"

✢ ✢

동문동성당

"몰라."

주의 사항. 내비에 주소 치세유.

충남 서산시 음암면 상흥리 159-2. 문 열려 있어유.

선현 왈.

복은 자기로부터 비롯되고 화는 자기로부터 생겨난다.

✝ ✝

해미읍성. 사적 제116호. 1491년 축성. 둘레 1.8킬로. 면적 2만평. 1895년 까지 내포지방 12개 군 지휘부. 여기서 김대건 신부의 증조부 포함한 수많은 순교자 양산. 최근 완전 복원. 주차료, 입장료 없음.

새남터 성당

형제들은 무엇을
청하는가

✝ ✝ ✝ ✝ ✝ ✝ ✝ ✝

서울 용산구 이촌2동 199-1.

1456년 이곳 새남터에서 사육신 사형 집행.

"아빠, 새남터가 먼 뜻이야?"

"새와 나무가 울창한 곳."

조선 시대의 사형 방법 보자.

1. 참형斬刑. 그냥 칼로 목을 친다.
2. 교형絞刑. 오랏줄에 목을 매단다. 대한민국은 이 교수형을 채택하고 있다.
3. 오살육시伍殺戮屍. 칼로 목을 친 뒤 팔, 다리, 몸뚱이를 자른다. 이거 순서 바꾸면 난리 난다.
4. 거열車裂. 죄인의 팔과 다리를 네 방향으로 우마에 묶어 동시에 우마를 몰아 그냥 찢어 죽인다.
5. 사사賜死. 왕명으로 독약을 마시게 한다. 왕에게 댐비면 이렇게 된다.
6. 부관참시剖棺斬屍. 그래도 분이 안 풀려. 그럼 죽은 자의 무덤을 파헤쳐 시체를 꺼내 다시 목을 친다. 왜 개그 프로에 나오는 명대사 있잖아유. 그건 날 두 번 죽이는 거다. 그게 여기서 나온 말이렷다.

1801년 중국인 주문모 신부의 사형을 시작으로 10명의 외국인 사제 사형 터.

1811년 황사영이 베이징 주교에게 편지를 띄웠다.

"사형 집행을 준비하는 동안 맑고 청명하던 하늘에 갑자기 두터운

✝ ✝

구름이 덮이고, 형장 위에 무서운 선풍이 일어났다.
맹렬한 바람과 거듭 울리는 천둥소리, 억수같이 퍼붓는 흙비, 캄캄한 하늘을 갈라놓은 번개, 이 모든 것이 피비린내 나는 형벌을 집행하는 사람들과 구경꾼들의 가슴을 놀래고 서늘하게 하였다.
이윽고 거룩한 순교자의 영혼이 하느님께로 날아가자 구름이 걷히고, 폭풍우가 가라앉고, 아름다운 무지개가 나타났다. 순교자의 머리는 장대에 매달렸고, 시신은 다섯 날 다섯 밤 동안 그대로 버려져 있었다. 그러나 매일 밤 찬란한 빛이 시신 위에 나타났다가 사라지곤 하였다."

1839년 앵베르 주교 등 3명의 프랑스 신부 사형.

1846년 김대건 신부 군문효수형. 시신을 건드리면 삼족을 멸한다. 조심할 것. 40일간 방치.

기회를 엿보던 17세 청년 이민식이 시신을 수습해 150리 길을 달린다. 시신 업고. 자신의 선산인 미리내에 안장.

경기도와 충청도의 민초들이 이곳 시궁산과 쌍령산 계곡으로 하나 둘씩 모여든다. 워낙 오지라 포졸들도 무시하고. 낮에는 옹기 굽고 밤에는 등불 켜놓고 미사다.

"주님 우찌 이런 모진 시련을 주십니까?"

"기다려라 아그들아. 시간이 해결해줄 거다."

이를 멀리서 보니 이 계곡이 은하수가 흐르는 골짜기처럼 보인다. 그래 순우리말로 미리내가 된다.

✝ ✝

1901년 용산 성직자 묘지로 이장.
1951년 두개골을 혜화동 소재 가톨릭대학으로 옮겨 안치.

✝ ✝

"아빠, 미리내성지에 무덤 있던데."

"시신 일부만 안치한 거야. 원래 센 분은 무덤이 여러 개야."

"왜?"

"모시겠다는 동네가 많아서."

1866년 베르뇌 신부를 비롯한 6명의 프랑스 신부 사형.

1890년 천주교회 측은 사형 터 매입을 시도하지만 경부선 공사로 실패.

1950년 11명의 순교 성인을 배출한 새남터를 순교 성지로 지정.

1956년 '가톨릭 순교 성지'라는 현양비를 세웠다.

"아빠, 현양顯揚이 머야?"

"이름을 세상에 높이 드러냄."

1957년 '한국순교복자성직수도회'가 새남터 3300제곱미터(1000평) 매입.

한국순교복자성직수도회.

1953년 방유룡(1900년~1986년) 신부가 설립한 국내 최초의 자생 남자 수도회. 현재 80명이 활동 중.

자신을 비워 허무의 경지에까지 내려가는 겸손을 통해 예수와 하나 되는 면형무아麵形無我가 목표.

"아빠, 면형麵形이 머야?"

"천주교 신자들이 미사 때 받아 모시는 성체."

우리 시대 순교복자수도회 출신의 스타는 서영남(1954년~)이다.

1976년 한국 순교복자수도회 입회, 1985년 종신서원.

✛ ✛

수사되는 데 9년 걸린다. 최소한.

1995년부터 교정사목. 전국의 교도소 다니며 장기수 면담. 직업이 하소연 들어주는 거다.

2002년 가난하고 소외된 이들과 함께 지내기 위해 25년간의 수사 생활 마치고 환속.

결혼. 딸도 낳고.

2003년 인천시 동구 화수동에 민들레 국수집을 열었다.

공짜 밥집.

우리는 항상 이렇게 배워왔다.

세상에 공짜는 없다.

이걸 단박에 깬 거다.

"아빠, 그럼 무슨 돈으로 식당 운영하는 거야?"

"부인이 옷 가게 해."

"참 별 사람도 다 있군."

"그러게 말이다."

"엄마야, 매달 돈 보내라."

"어디로요."

"농협 147-02-264772 서영남."

"돈 없는데."

"머라."

인천 중구 인현동에 국내 첫 노숙인 문화 공간인 민들레희망지원센터 개소.

공사비 3억2000만 원은 천주교 인천교구가 지원.

건축가 이일훈이 무료 봉사. 역시나.

한국순교복자수도회는 새남터의 허름한 쓰러져가는 건물에 '복자학교' 설립. 애들 가르친다.

1978년 한강성당의 함세웅 신부는 새남터순교자 기념성당의 설계를 김원에게 의뢰한다. 3300제곱미터의 새남터 모래사장은 1만 명의 원혼이 떠다닌다. 내 목 돌리도. 서쪽 면으로는 1호선 전철이 지나가고. 콜로세움 안마당에 우뚝 서 있던 까만 십자가가 떠오른다. 맞아! 이곳은 아직도 사형장이다. 비워두자. 그대로 놔두자. 엔클로저다. 아픔을 끌어안자. 성당은 전부 지하로 내려간다. 카타콤인가.

북서쪽 모서리에 제단을 두고 신자석이 부채꼴로 펼쳐진다. 성당의 지붕이 안마당이다. 사형장이다. 목 따는 형틀 대신 까만 십자가 하나 세운다. 가로세로 30미터. 사면에 붉은 벽돌 벽을 세운다. 방음벽이다. 현실과 천국을 나누는 칸막이다. 남쪽과 동쪽은 1층을 필로티로 띄우고 유치원을 둔다. 서쪽과 북쪽 벽은 헛벽. 북서쪽 모서리에 망루를 하나 세운다. 서대문형무소 버전. 망나니를 감시한다.

하늘을 떠도는 원혼들을 위로한다. 용서를 구하는 망루다. 도시민들은 자유로이 성지를 몸으로 맘으로 넘나들면서 용서와 화해의 가르침을 얻는다. 그래도 복수심을 버리지 못한다면 할 수 없고.

클라이언트인 수사들을 찾아갔다. 퇴짜 맞는다. 기와 얹어야 되는디유.

✢ ✢

대한민국 건축은 너무 저질이에유. 조선 시대에 순교한 분을 기리는 성지이니 조선 버전으로 해주세유. 막무가내다.

신부들에 비해 수사들은 도만 닦는 분들이라 엄청 보수적이다. 세상 밖으로 나오지를 않으니 기억에 기와집, 초가집밖에 없다.

딸아, 당나라 시인 이백의 시 한 구절 읊어보자. 놀면 누가 밥 주나.

세인문차개도두世人聞此皆掉頭

유여동풍사마이有如東風射馬耳

세상 사람들은 우리가 지은 시부詩賦를 들어도 고개를 가로저으며 들으려 하지 않음이

마치 봄바람이 말의 귀에 부는 것과 같다.

1981년 300명이 한강성당으로부터 분가. 다시 새남터성당 건립에 나선다.

한옥 성당으로 가겠다. 그럼 금성건축밖에 없다. 추적 끝에 당시 책임 디자이너와 통화.

"안녕하셨지유. 79학번 이용재에유."

"74학번 이영식입니다. 소문에 많이 버신다고요."

"뻥이에유. 당시 새남터 성당의 공사비는 얼마나."

"35억."

"수사들이 무슨 돈이 있다고."

"당시 인천 만수동의 수도회 땅이 택지 개발 지구로 수용되면서 받은 보상금 투입."

✚ ✚

"설계비는."
"2억. 덕분에 당시 살림 폈음."
"1층 면적이."
"1300제곱미터(400평)."
"콘크리트 한옥으로는 상당히 큰 거 아닌 감유."
"당시 국내 최대."
"당시 주변 현황은."
"지금 동쪽으로 지나가는 원효대교도 없었고, 남쪽 한강변으로 저층 아파트가 있었음."
"아예 목구조로 한옥을 했으면."
"스팬이 너무 커서 불가. 공사비도 모자라고."
"현대건축의 성당 공사비와 비교하면 공사비는."
"3배 들어갔음."
"건축 허가상 어려움은."
"수방사에 걸렸음. 당시 용산역 근처 한강변에 있던 포대 덕에 최고 높이 25미터 넘을 수 없었음. 종탑 일부 잘라내고 허가 득."
"당시 건축문화재 심의에는 안 걸렸는지."
"그런 위원회 자체가 없던 시절."

1987년 축성.
파리외방전교회 순교 성인의 후손들이 제작해 보내준 종을 종탑에 걸었다.

✝ ✝

2006년 성당 지하에 새남터기념관 축성.

한국순교복자수도회는 1990년 경기도 이천시 마장면 표교리에 성안드레아 신경정신병원을 연다.

"아빠, 왜 병원 이름이 안드레아야?"

"김대건 신부의 세례명."

"병원 운영비는 누가 내는 거야?"

"후원."

✝ ✝ ✝ ✝ ✝ ✝ ✝ ✝ ✝ ✝ ✝ ✝ ✝

"돈 안 되는 일은 골라서 하는군."
"응. 그러니까 수사지."
"수사修士가 먼 뜻인데?"
"도 닦는 선비."

2009년 국가인권위원회는 이 병원에 '대한민국 인권상' 수여. 수상 이유.

대한민국 최초의 개방형 정신병원으로 인권 신장에 기여하였음.

✝ ✝

2009년 새남터성당에서 종신서원식이 열렸다. 황인국 몬시뇰이 물었다.

"형제들은 무엇을 청합니까?"

"하느님께 봉헌하기 위하여 종신終身 서원할 수 있도록 허락하여 주시기를 청합니다."

"형제들은 앞으로 하느님만을 위해 살겠다는 각오가 되어 있습니까?"

"되어 있습니다."

4명은 머리까지 검은색 수도복으로 감싼 채 온몸을 뻗고 엎드렸다. 선배 수사들이 검은색 수도복 위에 흰색 도포를 입혀줌으로써 이제 속세를 떠난다.

왜 이리 부러운지.

나만 그런가.

✚ ✚

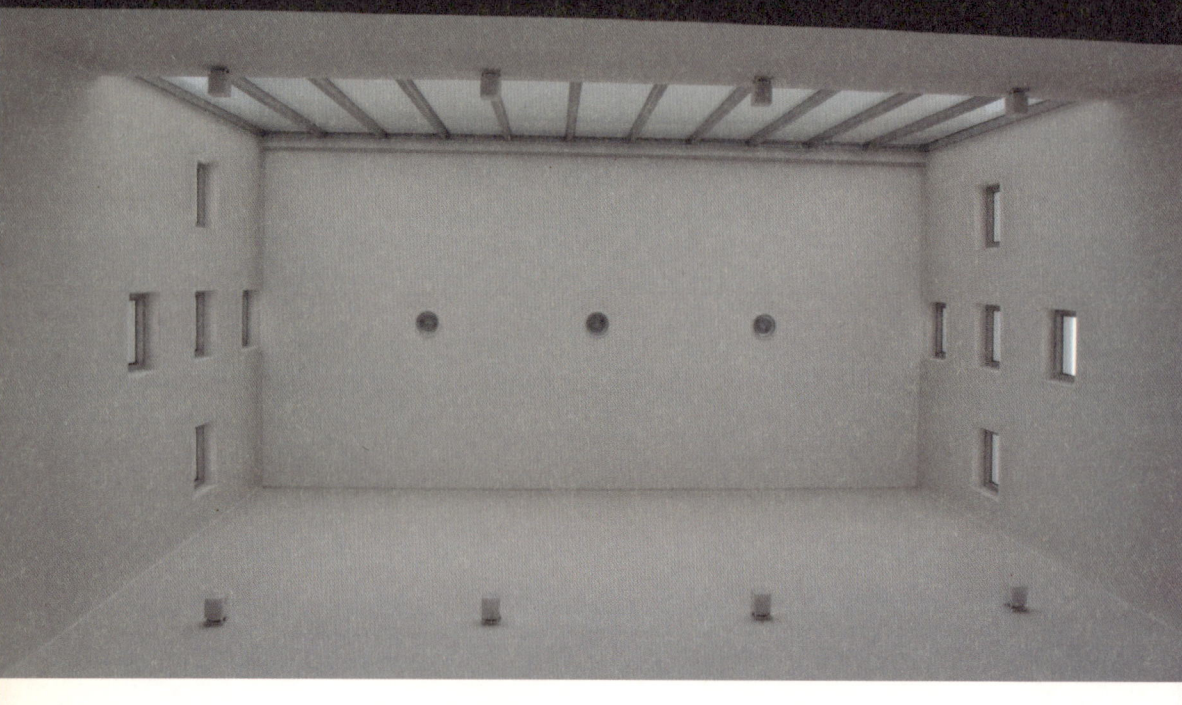

생극 성당

물 좋고
공기 좋은 안식처

✝ ✝

네티즌 왈.

저자는 대단한 분이다. 자신의 취미를 위해 생업을 던지고 답사를 다니고 글을 쓰고 때로는 노가다와 택시 운전을 하고 책을 내고.
한편으로는 학교를 중퇴한 딸과 많은 답사 여행을 하고.
글 가운데서는 명박이 운운하며 직설적으로 질책하기도 하고.
건축 기행에서 건축의 특성이나 전문가적인 식견은 전혀 나타나지 않는다.
오로지 딸과의 대화 등을 통해 풀어가거나 곁가지 이야기가 태반이다.
글의 품위에 동조하기보다는 그의 삶의 방식에 감탄할 뿐이다.
비록 생계를 든든하게 책임지는 사모님이 계시기에 가능할 터이지만.

난 머 건축에 대해 아는 게 없다니깐요.
민족문제연구소와 친일인명사전편찬위원회는 친일인명사전에 수록될 인물 4430명 발표.
종교 분야는 202명.
1. 개신교 58명.
2. 불교 54명.
3. 유림 53명.
4 천도교 30명.
5. 천주교 7명.

✢ ✢

다행히 천주교가 가장 적군.

어라, 명단에 노기남 대주교가. 보자.

노기남(1902년~1984년)

평안남도 중화군의 독실한 가톨릭 신자 집안에서 태어났다.

1917년 프랑스 신부들이 운영하는 12년 과정의 신학교 입학.

1930년 신학교 졸업하고 사제 서품.

일제 강점기 말기에 경성교구장으로서 장면과 함께 성직자와 신도들에게 아침저녁으로 일본군 장병을 위한 기도를 하고 전쟁 승리를 위한 미사를 거행하도록 하였다는 의혹 제기.

1942년 한국인으로서는 최초의 주교 서품 받고.

일제 창씨 압력으로 개칭한 일본식 명은 오카모토 가네하루岡本鐵治.

1967년 서울대주교직 사임.

1984년 선종.

김수환 추기경 열 받았다. 보자.

"노기남 대주교가 천주교 대표로, 장면 박사는 신자 대표가 된 건 본인 의지와는 상관없었음. 단순히 그런 것을 보고 친일이라고 판단을 내리는 것은 너무나 가벼운 행동이며 그 어른들에 대한 모독이다. 만일 그 잣대로 보면 저도 학병을 갔다 왔고, 창씨개명을 했고, 학교 다닐 때 신사참배도 하였다. 당시 대부분의 사람들이 그러했을 것이다. 일제강점기 당시 대구교구에서는 일본 사람이 주교가 되었으나

서울은 그래도 노기남 주교님 같은 분이 계셔서 우리 민족에게 대단히 뜻깊은 기쁨을 주었다. 한국 사람이 그 시대에 주교가 됐다는 점은 대단히 뜻깊은 사건이다. 단순한 피상적인 판단으로 어른들을 비난해선 안 된다."

김수환 추기경이 틀린 말 한 적 있나. 없는 거 같은데.
음성군 생극면을 지나다가 언덕 위의 범상치 않은 성당 발견. 물었다.
"혹시 설계자가?"
"이일훈."

✝ ✝ ✝ ✝ ✝ ✝ ✝ ✝ ✝

역시. 검박. 소박. 겸허의 건축가. 이런 걸 길 가다 지갑을 주웠다고 한다.

이일훈(1953~). 한양대 건축과 졸. 대한민국의 위대한 거장 김중업의 드문 제자.

"아빠, 왜 이 동네 이름이 생극이야?"
"원초적 안식처걸랑. 물 좋고 공기 맑은."

1400여 개 본당 중 한국 순교 성인을 수호성인으로 모시고 있는 본당은 전체 본당의 17퍼센트.

1위. 당연히 김대건 신부.

2위. 정하상. 아시죠? 다산 정약용의 조카.

3위. 유대철. 13세에 순교한 최연소 성인.

4위. 현석문.

5위. 남종삼. 최고위급 공무원 순교자.

물론 모두 성인.

남종삼(1816년~1866년).

1827년 베이징에서 영세 입교한 통정대부 남상교 아우구스티노의 양자.

1843년 식년문과 합격.

1860년 천주교 입교.

1863년 정3품 승지.

사형선고문이 내려왔다.

✝ ✝

정하상(1795년~1839년) 신유박해 때, 아버지 정약종과 형 정철상이 천주교 박해로 순교한 뒤, 실질적인 조선 천주교 교회의 지도자 등극. 1825년 조선의 독립 교구 설치를 교황청에 청원하였고, 이에 교황 그레고리오 16세는 파리 외방전교회 산하에 조선대리감목구를 설치하여 브뤼기에르 주교를 초대 감목대리로 임명. 기해박해가 일어난 1839년 참수. 1925년 그의 어머니, 누이동생과 함께 시복되고, 1984년 시성되었다. 사진은 정하상 동상.

"서양 학문이라고도 하는 이것은 사악한 잡교로서 아버지 어머니 몰라보고 임금도 몰라보는 종교로다. 또 이는 나라의 벼슬까지 누리는 자로서 전심으로 이 교를 숭상하고 다른 이들에게 퍼뜨려 오래전부터 크게 해를 끼쳐왔도다. 정도에 위반되는 사교를 오히려 정도라고 고집하였으니 참수해야 마땅하다."

1866년 서대문 밖 사형 터에서 참수.

1984년 성인 등극.

100여 명의 천주교인이 참수되었던 서대문 밖 사형 터는 지금 서대문공원으로 탈바꿈. 노숙자들의 성지가 되고.

2001년 이탈리아에서 돌아온 서철 신부 생극성당 부임.

쓰러져가는 성당.

✟ ✟

유대철(1826년~1839년) 역관 유진길의 장남이다. 부친이 체포된 후 자수. 끝까지 배교 거부. 13세의 미성년을 형장으로 끌고 가서 공공연하게 목을 벨 수는 없고, 1839년 10월 형리가 옥 안으로 들어와 그의 목에 노끈을 둘러 감아 졸라 죽였다. 사진은 여사울성지.

새로운 성당을 짓겠다. 회랑과 중정이 있는. 다른 건 됐고.

"아빠, 생극성당 신자는 몇 명이야?"

"600명."

"다 어르신네들이겠군."

"응."

오랜만에 이일훈과 통화.

1984년 제1회 꾸밈건축평론가상 당선자 이일훈. 난 학생 부문 장려상. 그 이후 25년 만이다. 역시 글발이 건축발을 앞서는 발발이.

"사무실 이름이 왜 후리返理예유?"

"좋아하는 건축 하다가 문득 이치 하나 만날 수 있다면 하는 되지도 않는 꿈이 있어서."

"건축가는 머 하는 사람인 감유?"

"삶의 방식을 디자인하는 대가로 먹고사는 사람."

"양극성당 하셨더라고요."

"천주교 수사님이 소개했음. 아무 내용도 모르고 가서 주임신부님 뵙고, 대화하고 그 후 설계를 부탁받았음."

이미 여러 명의 건축가들이 지나간 후.

"천주교 신자인지?"

"아님."

"천주교 신자 아니어도 설계할 수 있남유?"

"얼마든지."

✝ ✝

현석문(1799년~1846년) 본관 연주. 서울 생. 역관 계흠의 아들. 1836년 의주에 가서 프랑스 선교사 앵베르 주교를 맞아들였고, 천주교 한양회장이 되었다. 1801년 신유박해에 부친을 여의고 1839년 기해박해 때 아내와 누이마저 순교하자, 앵베르 신부의 요청으로 조선 순교자 열전인 《기해일기己亥日記》완성. 1845년 상하이에서 조선교구 3대 교구장으로 임명된 페레올 주교를 안내하여 입국하고, 이듬해 9월 서울에서 체포되어 새남터에서 순교. 사진은 현석문이 상하이에서 타고 온 라파엘호.

"죽기 전에 꼭 봐야 할 건축물은?"
"이집트 아스완의 미완성 오벨리스크. 건축은 짓는 순간 수직성의
노예가 된다. 중력에 도전한다는 건축 의지의 미학적 표현은
수직성에 목매고 있다는 다른 표현이다. 그 수직 형태와 의미의
절정이 미완성 오벨리스크unfinished obelisk다. 오벨리스크는
형태만 보면 건축보다 조각에 가깝다. 스스로 공간을 품지 않은
탓이다. 공간을 품지 않았으면서도 놓이는 위치마다 공간과 장소의
풍경을 일구어낸다. 완벽한 오브제 오벨리스크는 한마디로 경이!
그래서 약탈의 대상이 된다. 과연 인간이 이성적인가? 채석장의
미완성 오벨리스크를 통해 수평성을 향한 역사의 반성을 권한다."
요구 조건은 이렇다.
1. 건축가 솜씨 자랑 말고 종교적 의미 있을 것.
2. 평소에 쓰일 때와 성탄과 부활절에 쓰이는 성당으로 다 가능할 것.
3. 시골 본당의 형편을 존중할 것.
"3.3제곱미터당 공사비는?"
"보통 공사비의 절반 정도."
더 질문했지만. 묵묵부답. 원래 말이 없는 분. 가서들 보세유. 죽여유.
그의 대표작은 1997년 서울시 건축상을 수상한 가가불이街家不二다.

✝ ✝ ✝ ✝ ✝ ✝ ✝ ✝

'길과 집은 둘이 아니다.'

145제곱미터(44평)의 좁은 땅. 그나마 두 채로 나누고 가운데에 중정을 만들었다. 두 건물은 층마다 복도나 구름다리로 연결되고. 방들은 멀찍이 떨어져 있다. 서재로 가려면 신발을 신고 나와 옥상으로 올라간다.

그의 '채 나눔'은 세 가지의 철학적 주장을 바탕으로 한다.

첫째, '불편하게 살기'다. 참을 수 있는 대로 불편하게 만든 집이 사람을 움직이게 한다. 운동량도 많아지고. 일부로 조깅 나갈 필요가 없다.

둘째, '밖에 살기'다. 새집을 지을 때 외부 공간을 활용하는 방법을 먼저 생각한다. 자연과 함께하는 건축.

셋째, '늘려 살기'이다. 모든 공간의 연결과 이동을 길게 늘린다. 늘리고 나누어진 사이에 슬며시 외부 공간을 끼워넣고.

충북 음성군 생극면 신양리 439-3.

수호성인은 남종삼 성인.

"아빠, 교회 하나 짓는 데 얼마 들어?"

"평균 400억."

"생극성당은?"

"6억."

"그래서 심플한가?"

"응."

✝ ✝

성당 건립 준비하시는 신부님들. 이일훈에게 맡기셔유. 특히 싼 걸 대한민국에서 제일 잘해유. 특징. 특히 디테일을 잘 풀어 공사 후 하자 없음. 관리도 편하고.

"아빠, 이일훈한테 술 얻어먹었지?"
"밥 먹은 적도 없음."
"얻어먹은 거 같은데."

이일훈 왈.
집과 집이 서로 어울리지 못하고, 길과 집은 단지 통로일 뿐이며, 그나마 존재하는 외부 공간은 옆집과의 벽과 벽 사이, 법적 거리를 유지한 고양이 통로뿐이다.

✢ ✢

말이 집과 집 사이일 뿐이지 현실적으로 '사이'라는 공간은 소멸되어 있다.
복잡한 도시에 꽉 들어찬 건축물과 우리 삶에서 이런 '사이'는 거의 무시되고 있다.
어둠이 드리워진 건물과 건물 사이의 죽은 공간은 건축법이 정한 최소 거리의 치수에 의해 정해질 뿐이다.
그래서 앞집과 뒷집은 더 이상 이웃이 아니다.
앞에 서 있어 앞집이고 뒤에 서 있어 뒷집이지 담장 사이로 서로의 희로애락을 공유하던 사촌 같던 이웃을 적어도 건축물끼리는 발견하기 어려운 것이 우울한 도시의 현실이다.

서울성공회 성당

건축이 도대체
무엇이기에

1943년 김원은 서울의 북아현동에서 5남매 중 넷째로 태어난다. 1947년 부친이 외무부 부산 출장소장으로 임명되면서 부산이 제2의 고향이 된다. 한국동란 때 부친은 돌아가시고. 초등학교 2학년 때의 일. 이제 부친이 사 모은 그림을 내다 팔며 생계유지. 1954년 서울로 유학. 경기중학교 입학.

고등학교 2학년 때 김수근 선생이 학교로 강연을 온다. 이제 건축은 운명. 김원은 서울대학교 건축과 61학번. 건축이 재미없다. 등산이다. 마침 5월 16일 탱크들이 청와대로 몰려든다. 현실도 싫고. 공릉 서울 공대 캠퍼스에는 정보원들이 득실거리고. 한 1년간 산 타니 이것도 지겹다. 뭐 재밌는 일 없나. 배나 만들어 태평양이나 건너볼까. 조선과 2명, 전자과 2명, 건축과 1명이 죽이 맞는다.

1학년 겨울 방학 즈음 배 만드는 도사 김재근 조선항공학과 교수를 찾아갔다. 이순신 장군의 거북선이 김 교수 전공이다.

"교수님 저희 좀 도와주세유. 요트 만들어서 태평양 건너가게요."
"그거 재밌겠는데."

비밀 프로젝트다. 부모님이 아시면 우린 죽는다. 비밀결사대 중 한 명은 더구나 8대 독자고. 보험 회사도 없던 시절. 김 교수가 도면을 그려줬다. 이른바 오스프레이 타입 버전. 당시 전 세계 요트대회는 오스프레이가 휩쓸던 시절. 김 교수는 공릉 조선과 실습실을 빌려준다. 학교는 무궁무진한 선박용 목재도 다 내준다.

2학년 여름 방학이 시작되면 출발. 한겨울 내내 배 만든다. 길이만 7.2

미터. 버스만 하다. 5명의 침대도 설치된 제법 큰 선박. 4명은 마침 부잣집 아들들이라 제작비 대고. 김원은 몸으로 때운다. 건축가가 배를 만든다고.

만날 대패질. 드릴로 뚫고 조이고. 늑골로 뼈대 만들고. 방수 합판 붙인다. 플로링을 붙여나간다. 플로링 사이는 로프용 삼줄로 메우고. 물에 젖을수록 늘어나 물 샐 틈이 없다.

지프 엔진도 구해 설치. 돛단배지만 비상시에는 엔진을 사용한다. 2학년 초여름 잔디밭에서 도시락 까먹고 있는데, 대학신문 기자가 미팅 건을 미끼로 꾄다. 야, 요새 니네들 도대체 뭐 하는 거냐. 공부는 안 하고.

한 친구가 실수한다. 여자 소개해준다는 꼬임에 넘어가. 야, 너만 알고 있어. 우리 사실은 말야 배 타고 태평양 건너갈 건데. 밥 해줄 여자 하나 소개해줘라. 신문기자한테 비밀로 해달라고 했으니, 대학신문에 대문짝만 하게 난다. 서울 공대생들 마도로스를 꿈꾼다. 왜 외항선 선원들을 마도로스라고 할까요. 금세기 초 네덜란드 뱃사람들이 오키나와에 입항한다. 근디 이 친구들은 매트리스 깔고 침대에서 잔다. 습기 많은 일본 기후의 영향으로 틈만 나면 갑판 위에 매트리스 늘어놓고 말린다. 신기하게 바라보던 다다미 버전의 일본인이 물어봤다. 야, 저게 뭐냐? This is mattress. 아! 마도로스. 모음 발음이 안 된다. 그래 이때부터 외항선원들은 마도로스가 된다.

비밀은 샜지만, 부모님들이 대학신문 볼 일은 없으니. 완성된 배를

✢ ✢

트레일러에 싣고 인천항으로 갔다. 세일링이다. 향해 연습에 들어간다. 동아일보 특종이다.

'불암산 기슭의 망치 소리'라나 뭐라나. 난리가 났다. 배 이름도 정했다. 'Friendship'호다. '우정'호. 당시 달나라 갔던 우주선의 이름을 빌려왔다. 맞아 우리한테는 태평양이 우주야. 보름 동안 인천 앞마다에서 해상 훈련. 디데이는 1962년 6월 20일. 마침 기숙사 룸메이트가 현역 공군 대위다. 각종 재난 구조 장비도 구해준다. 파일럿 조난용 생명 유지 세트. 상어 쫓는 약. 미제 비상용 구급약.

등산반 전우들이라 나침반 독도법은 식은 죽 먹기고.

이거 누르면 계속 SOS다. 'Save Our Souls' 1906년 정해진 세계 공통 언어다. 살려주서유 하면, 군산 공군 기지에서 구해준다. 6월 18일

ⓒ 정정웅

소주 한잔하면서 출항을 기원한다. 건빵이 주식. 3개월간.

거의 자살행위지만 당시 스무 살의 피 끓는 젊은이들은 눈에 뵈는 게 없었다. 개학 전에 돌아온다는 계획만 있었다. 출항일 새벽 5시 배 뚜껑을 급하게 뚜드리는 소리에 잠이 깬다. 10여 명의 가족들이 김 교수를 끌고 쳐들어왔다. 뒈지게 맞고 그냥 서울로 압송.

범죄 사실: 자살 의도가 있음.

배는 학교에 뺏겼다. 수천만 원짜리 밴데. 방법이 없다. 학교 나무를 훔쳐 만들었으니. 지금도 공릉동 서울 공대 캠퍼스 자리에 가면 '우정'호가 현존한다. 경기산업대 조선과의 실습용 배로 사용한다. 그때 떠났으면 아마 상어들이 좋아했을 텐데.

1972년 동아일보는 창립 50주년 기념으로 '갈매기호' 프로젝트를 진행한다. 1인 요트를 타고 돛대만으로 태평양을 횡단하는 이벤트. 물론 큰 배들이 에스코트하는 안전한 항해다. 자료를 뒤적이던 동아일보는 전과가 있는 김원을 찾아온다. 다른 네 명은 전부 미국 유학 중이라. 싹싹 빌었다. 좀 살려주쇼. 자식도 있는 몸이라. 다른 젊은이가 태평양 횡단에 성공한다.

1965년 김수근연구소 입사. 일을 안 준다. 에라, 책이나 보자. 1년간 연필 깎으며 책만 본다. 글이나 쓰자. 요새 말로 하면 건축 비평. 월급은 3000원. 하루 술값으로나 적당한 금액. 그래 월급날은 술 먹는 날. 그의 글들은 많은 젊은이들에게 자극을 준다.

얼마 전 젊은 건축인들 십여 명과 함께 김원과 맥주 한잔 마신 적이

† †

승효상(1952년~). 서울대 건축학과와 동 대학원 졸. 빈 공과대학에서 수학. 15년간 공간 연구소에서 근무하면서 김수근 문하에서 일한 뒤, 1989년 건축사무소 '이로재' 개설. 파주출판도시 코디네이터. 2002년 건축가로는 최초로 국립현대미술관에서 주관하는 '올해의 작가'로 선정되어 〈건축가 승효상전〉을 가졌다. 사진은 승효상이 설계한 노무현 전 대통령 묘역.

있다. 그들은 모두 이렇게 말했다. 두 손으로 맥주를 따르면서, 선생님의 감동적인 글을 보고 저는 건축을 시작하기로 결심했습니다. 영광입니다. 그의 건축 작품을 끄집어내는 젊은이들은 아무도 없었다. 김원은 건축가인가 비평가인가. 그만큼 1960년대 그의 글들은 충격적이었다.

1970년 독립. 거장 밑에는 오래 있는 게 아니다. 일이 있을 리 있나. 네덜란드 유학이나 갔다 오자. 할 일도 없는데 공부나 해야것다. 1976년 '광장건축' 차리고 독립.

후학들은 그의 빛나는 글을 기억한다. 오죽하면 우리 시대의 스타 승효상은 이렇게 한탄한다.

"그야말로 진리와, 열정과, 박학과, 다식으로 충만한 그의 글은 나에게 교과서가 되어버렸다. 그는 주택에서 도시까지, 전통에서 현대까지, 기술과 문화와 우리들의 올바른 삶에 이르기까지 모르는 게 없었으며 거침이 없었다. 때로는 잔잔한 설득으로, 때로는 강렬한 설득으로, 때로는 강렬한 외침으로, 나의 가슴을 파고들었으며, 나의 정신과 마음을 온통 흔들어버렸다."

임진왜란 때 의주로 도망갔던 선조가 6년 만에 돌아오니. 다 폐허다. 선조가 잘 곳이 없다. 그래 월산대군의 집에 세든다. 왕이 자고 나니 이제 경운궁. 옆집에 살던 심의택을 비롯한 왕족들 역시 날벼락을 맞는다.

"아빠, 심의택이 누구야? 첨 듣는데."

✢ ✢

월산대군(1454년~1488년). 조선 제8대 왕 예종 등극. 13개월 만에 간다. 차기 왕 서열 보자. 1순위, 예종의 아들 제안대군 4세. 2순위, 예종의 형 덕종의 장남 월산대군 16세. 3순위, 의경세자의 서자 자을산군 13세. 자을산군 제9대 왕 성종 등극. 성종 마누라가 한명회의 딸인 관계로. 사진은 덕수궁 중화전.

ⓒ 정정웅

"조선 12대 왕 인종의 부인인 인순왕후의 동생."

북촌엔 양반이 남산엔 딸깍발이들이, 이곳 정동에는 왕족이 모여 살았다. 경운궁은 정동 2번지, 정동 3번지 다 차출. 그래 심씨 일가도 쫓겨난다. 땅값도 안 준다. 좋은 시절.

1904년 왜놈 또 쳐들어온다. 내 이 인간들을. 우리도 한 번 쳐들어가

✝ ✝

남산골 한옥마을. 국문학자 이희승 선생은 1952년 발표한 〈벙어리 냉가슴〉에서 남산골 샌님들을 '딸깍발이'라고 칭했다. 비가 오나 눈이 오나 의관정제하고 나막신 신고 딸깍딸깍 소리 내며 걸어가는 남산골 샌님들의 고단함을 빗대어 부른 별칭이다. 1998년 철거 운명에 놓인 한옥 다섯 채를 이전해 만들어진 남산골 한옥마을. 마스터 플래너는 김원. 사진은 남산골 한옥마을의 박영효 고택.

자. 신체 건강한 군인을 모집합니다. 1907년 고종 잘린다. 조선의 마지막 27대 왕 어린 순종은 부친이 불쌍하다. 경운궁을 덕수궁으로 개명. 아버님, 장수하십시오. 뭐 그런 뜻이다. 순종의 이복동생 영친왕은 일본으로 인질 가고. 저는 경복궁으로 이사 갑니다. 이성계 열 받겠다. 괜히 나라 세웠나.

덕분에 덕수궁 쪼그라든다. 왕족들이 자기 땅 내놓으라고 설쳐대니. 그래 정동 2번지에는 영국대사관이, 정동 3번지에는 성공회가 자리하게 된다.

의료 활동에 전념하던 성공회는 1922년 대성당의 신축을 추진한다.

"아빠, 왜 이 동네 이름이 정동이야?"

"이성계의 계비인 신덕왕후 강 씨의 능인 정릉이 있었걸랑."

트롤로페 주교는 영국 성공회에 건축가의 선임을 부탁한다. RIBA의 아서 딕슨이 선정된다. Royal Institute British Architects의 건축가다. 영국은 모든 학회에 로열이 붙는다. 영국왕립건축가협회다.

아서 딕슨. 1856년 생. 아버지가 하원의원이다. 67세에 조선행. 현장 답사다. 딕슨은 부인에게 이렇게 말했다. 가족을 잘 부탁하오. 주님의 뜻이라. 석탄 때는 배 탄다. 생명보험도 안 든 배. 수에즈운하 거쳐 인도 도착. 인도는 대영제국의 땅이니까.

"아빠, 인도가 영국의 식민지였나?"

"1857년 식민지였다가 1947년 독립."

"왜 영국을 대영제국이라고 하는 거야?"

✝ ✝

조영수호통상조약(1883년). 1957년 양국 대사관 설치. 영국 인구 6000만 명 중 반이 성공회 신자. 천주교는 달랑 10퍼센트. 사진은 1894년 완공된 런던 타워브리지.

"당시 지구의 4분의 1이 영국 땅이었걸랑."
"지금은?"
"지금도 호주, 캐나다를 비롯한 53개국이 영연방으로 뭉쳐 있어."
"영국에 갔더니 안개가 자욱하고 별로던데. 아빠도 가봐."
"돈 없다."

그다음이 문제다. 동남아 아무 곳에나 가는 배를 탄다. 태풍이다. 주님의 은총이 있기를. 하염없이 기다린다. 일본 가는 비정기선을 잡아 탄다. 마지막 관문. 제물포항으로 가는 배 기다린다. 꼬박 세 달 걸린다.

"아빠, 왜 일본이 우리보다 잘사는 거야?"
"1854년 이미 문을 열었걸랑."
"우린?"
"32년 늦은 1886년."

인천에서 우마차 타고 정동 3번지에 내린다. 저 멀리 명동성당이 보인다. 음. 역시 천주교가 먼저 상륙했군. 하늘을 찌르는군. 당시 명동성당은 한양 최고 높이의 위용을 자랑하고 있었다. 고딕 건축. 고딕은 무조건 하늘을 찌른다. 주님과 가까이 갈수록 하느님의 은총은 극대화된다. 이게 고딕이다.

딕슨은 고민이다. 명동성당을 이겨야 되는디. 천주교는 저래서 안 돼. 다시 고향 앞으로다. 고향 가는 길 역시 몇 달 걸릴지 알 수 없다. 생명 보장도 안 되고.

제물포항-부산항-일본 나가사키-마카오-인도-수에즈운하-프랑스

✢ ✢

-영국 런던.

왕복 1년 걸린다.

1925년 감리차 다시 조선행. 이미 딕슨은 칠순. 노구를 이끌고 저 험한 파도와 싸운다. 건축을 이기기 위해서는 파도를 먼저 이겨야 된다. 대서양 파도에게 물어본다.

"명동성당의 고딕을 이기는 방법은?"

"로마네스크로 하세유."

로마네스크. 11세기에 유행했던 건축양식. 로마가 고향이라 로마네스크다. 단순 소박한 양식이라고 보면 된다.

벽면은 크고 창문 면적은 최소화했다. 반원형 아치가 특징. 이에 반발해 연이어 탄생한 양식이 고딕이다. 고딕을 이기려면 로마네스크밖에 없다. 고딕이 저 높은 곳을 향한다면 로마네스크는 낮은 곳에 임한다. 1926년 공사비 부족으로 반 토막만 임시 준공.

1991년 성공회성당의 최기준 총회장으로부터 김원을 찾는 전화가 온다. 성공회성당 창건 100주년을 맞이해 증축 공사를 하려는데 김원이 벽돌을 제일 잘 만진다는 소문을 듣고.

경기중학교 시절부터 서울에서 가장 아름다운 건물이었던 추억의 성공회성당 증축 건축가로 선정되다니. 잠이 안 온다. 전 세계 답사다. 음. 이건 하이테크로 가야 돼. 유리와 강철로 뭔가를 보여줘야지. 로마네스크와 하이테크의 만남이라. 딕슨과 김원의 만남. 딕슨에게 전화를 했다.

✢ ✢

"아, 선상님, 제가 하이테크로 증축하려고 하는디유."
"머라. 니 맘대로 한다고라. 내가 만들어논 도면이 어딘가 있을 거다. 찾아보거라."

천상의 메아리다. 영국의 모든 박물관을 뒤진다. 70년 전의 도면이 있을 리 없지. 키득 키득.
김원이 김원인 이유를 보여줘야지. 전 세계의 건축 잡지를 장식해야지. 김원이 드디어 딕슨을 넘어섰습니다. 그런데 잉크로 그린 딕슨의 도면은 살아 있었다. 우째 이런 일이. 영국에서 돌아오는 비행기에서 김원은 고민이다. 이 도면을 창문으로 버려! 어라, 창문이 안 열리네. 나중에 하늘나라에 가서 딕슨이 물으면 뭐라고 하지. 기억이 안 난다고 할까. 아니, 김원이 아니라고 할까. 헷갈린다. 팔자다.

✢ ✢

"아빠, 왜 인생을 팔자라 그래?"
"결혼할 때 신부 집에 생년, 월, 일, 시를 천간과 지지로 표시한 사주를 보내는 풍습이 있는데 천간과 지지가 각기 두 자씩 여덟 글자로 돼 있어서 팔자라고 하는 거야. 자고로 여자는 남자를 잘 만나야 하는 법."
"그래서 엄마가 생고생하는구나."
"머라."

연세대 재단 사무처장이던 최기준 총회장은 대우건설을 끌어들인다. 아시죠? 대우 김우중 회장이 연세대 나온 거. 물론 망하기 전이다. 딕슨의 도면을 재현하기 전에 해결해야 될 문제가 있다. 이미 7만을 넘어선 신도들이 사용할 강당, 식당 등의 부대시설 약 3300제곱미터 (1000평)을 땅속에 만들어야 된다. 이거 파도 되나. 잔디밭을 조금 파봤다. 단단하다. 김원과 현장소장은 소주잔을 기울이며 마지막 결정을 한다. 그냥 파자. 파다 무너지면 같이 감방 가자. 독서나 하지 뭐. 기존 성당은 놔두고. 12미터를 수직면으로 파 내려간다. 지하 3층. 어라, 기초가 없네. 지정다짐에 조적이군. 간단히 말해, 기존 흙에 물 뿌리면서 발로 밟아 단단한 대지를 만든 후 벽돌을 쌓아나갔다. 다행이다. 이제는 구형 벽돌 구하는 게 문제. 1920년대에 찍어낸 구형 벽돌을 어디서 구하나. 기껏 50만 장의 한나절 생산 물량을 위해 제조 라인을 증설할 벽돌 회사는 없고.

더 문제는 색깔 맞추는 일이다. 소성 온도야 섭씨 500도, 700도 구워

봐서 맞출 수도 있지만 점토가 같아야 되니. 내가 이걸 왜 하고 있지. 마침 구세주가 나타난다. 성가수녀회의 아흔 되신 노수녀님이 어렸을 때 봤는데 강화도에서 벽돌을 구워서 가져온 거 같다고. 대우건설은 망해가던 벽돌 공장장을 꼬셔서 강화도 점토로 50만 장 급히 제조. 나무틀에 점토를 이기고 철판으로 네 토막을 낸 후 칼을 빼고 가마에서 구워낸다. 4장씩 50만 장을 구우려면 몇 번 해야 되나. 지금이 조선 시댄가 대~한민국 시댄가. 공장장은 그 이후 벽돌계를 떠난다.

산 넘어 산. 이제 정다듬 화강석이 문제다. 디지털 대한민국에 정다듬공이 있을 리 없고. 일일이 정 대고 망치로 하염없이 쪼라고? 니나 해라. 대우건설은 만만한 중국으로 날아간다. 5000장의 화강석에 번호를 매겨 중국에서 공수. 5000장의 크기가 다 틀리다. 딕슨의 도면대로 번호순으로 붙이다 깨뜨리면 다시 중국에 갔다 온다. 장난이 아니다. 야. 1745번 돌 못 봤냐? 못 봤으면 또 중국에 갔다 와야 된다. 이거 건축이야 조각이야. 현장 인부들은 딕슨이라면 이를 간다.

성공회성당이 김원 작품인가 딕슨 작품인가. 헷갈린다. 우찌 됐든 모든 건축 잡지는 서울성공회성당을 외면한다. 야, 김원이 한 게 뭐 있냐. 딕슨 그대로 베껴놓고. 절제와 욕심이 넘나든다. 우리 시대의 논객 이필훈은 이 성당의 단아함에 취해 이렇게 고백한다.

"내 이 성당이 김원 선생 작품이면 그 앞에 무릎 꿇으리라."

하이테크로 하면 까분다고 할 것이고 딕슨을 따르면 한 게 없다고 할 것이고. 건축이 도대체 무엇이기에 이토록 어려운 거지.

✝ ✝ ✝ ✝ ✝ ✝ ✝ ✝ ✝ ✝ ✝ ✝ ✝ ✝ ✝ ✝ ✝

대한성공회 성가수녀회. 1925년 설립. 2007년 대한성공회 120여 년 역사상 처음으로 수녀 출신의 사제 탄생. 1994년 영국 성공회에서 처음으로 여성이 사제 서품을 받은 이후, 성공회는 천주교와 달리 여성의 사제 서품을 허용해왔다. 우리나라에서도 그동안 9명의 신학 전공자 출신 여성 사제가 배출됐지만, 수녀 출신 사제는 오인숙 수녀가 처음. 사진은 대한민국 최남단에 있는 마라도성당.

김원 왈.

프라 안젤리코의 성모님 상이 명작인 것은, 작가가 자기의 재주를 뽐내지 않고 성모마리아의 훌륭함을 살리기 위해 자기를 죽였기 때문이다. 처음 성당 증축 설계를 제의받았을 때, 사실 나대로의 욕심이 있었다. 강철과 유리를 써서, 신구新舊 조화의 '김원 작품'을 남기고 싶었다. 그러나 그때 내 나이가 50이었다.

나를 죽이고 선배 건축가의 고뇌와 정신을 존중해주는 일을 할 수 있는 나이였다. 성당 측이 옛 도면대로 하기를 원했을 때, 마음을 비울 수 있었다. 실제로 찾아낸 도면을 통해 90년 전 영국의 대선배와 교감할 수 있었던 것이 나에겐 아름다운 감동이자 또 하나의 보람이었다.

✢ ✢

성공회

수동성당

진작 길 잘못
들긴 했으나 아직
멀리 벗어나지는
않았으니

✝ ✝

네티즌 왈.

'딸과 함께 읽는 답사 여행기'란 부제에 걸맞게 딸과 함께 우리나라 구석구석에 있는 전국의 문화재를 찾아다니며 문화재에 관한 이야기와 그에 얽힌 역사를 같이 들려주는 형식이다.
주는 따로 달지 않았다.
어렵다 싶으면 여지없이 딸이 질문해주고 아버지가 시원스레 대답해준다.
평론가나 전문가들에게 비난받을까 무슨 무슨 설이 있다는 식의 애매모호한 말투로 조심스레 쓴 흔적은 어디에도 없다.
말투가 시원하다 못해 거침이 없다.
100퍼센트 진실일까?
나도 역사 전문가가 아니기 때문에 고개가 갸우뚱해질 때도 있지만 너무도 확신 있는 말투에 저자의 말은 100퍼센트 믿어야만 할 것 같다. 문화재 하나를 놓고 그에 얽힌 수없이 많은 이야기보따리를 풀어놓는다.
말투가 간결하고 확신에 차 있어서 '이거 답사 여행기인데', '이거 역사 이야기인데', '내가 그토록 싫어하던 국사 이야기인데' 같은 편견이 어느새 싹 달아나버렸다.
심지어 재밌어서 책장이 술술 넘어간다.
저자의 거침없는 입담이 아주 만족스럽다.

✦ ✦

멋 부리지 않았지만 간단명료한 말투, 시원한 말투가 독자를 잡아끌어서 재밌게 읽힌다.

감사합니다. 돈은 안 돼도 이런 맛에 산다. 난.
이재정(1944년~). 본관 경주. 충북 음성 생. 경기 중·고 졸. 서울대 낙방. 충격. 1969년 고려대 독어독문학 학사.
1971년 성공회대 학사.
1972년 성공회 사제 서품.
1984년 매니토바대 종교학 석사
1988년 트리니티대 신학 박사
성공회대 교수.
1968년 통일혁명당 사건으로 무기징역을 살다가 20년 만에 출옥한 신영복을 만났다.
"강의 좀 해주시죠?"
"저 아직 복권 안 됐걸랑요."
"상관없어요."
이재정 안기부 블랙리스트에 올랐다. 두고 보자.
"아빠, 신영복이 누구야?"
"머라. 소주 '처음처럼'이라고 들어봤지?"
"응."
"그 소주 이름의 시를 지은 분이야."

✝ ✝

"그럼 저작권료 받았겠네?"

"당근."

"얼마?"

"1억."

"좋겠다."

"성공회대 장학금으로 전부 던지셨어."

"참 별 사람 다 있군. 나 같으면…."

✝ ✝

보자.

<u>처음으로 하늘을 만나는 어린 새처럼</u>

<u>처음으로 땅을 밟고 일어서는 새싹처럼</u>

우리는 하루가 저무는 저녁 무렵에도

아침처럼

새봄처럼

처음처럼

다시 새날을 시작하고 있다.

1994년 이재정 성공회대 총장 등극. 소문이 났다. 운동권 우대함. 좌파 지식인들이 구름처럼 몰려들고.

2000년 제16대 새천년민주당 국회의원. 비례대표.

대한민국 역사상 최초의 신부님 국회의원.

"아빠, 신부가 정치에 참여해도 되는 거야?"

"정치도 사목의 대상이야."

"그래도 좀 이상한데."

"영국에서는 성공회 대표 3명이 당연직 상원의원으로 정치에 적극 참여해."

"아빠, 국회의원 월급이 얼마지?"

"1000만 원."

"신부 월급은?"

"60만 원."

✝ ✝

"대박이네. 가족 있어?"

"응. 부인과 외동딸."

"좋겠다."

"차액은 어려운 이웃이게 던지걸랑."

"부인 열 받겠다."

2002년 한화 임원이 제주도로 이재정 의원을 찾아왔다.

"대왕대비 마마께서 이 봉투를. 당에 전달해주시길…."

"그러죠, 머."

당직자에게 전달. 물론 열어보지도 않았다.

대선에서 노무현 당선. 검찰이 나선다. 머라. 부산상고 출신이. 한화를 조졌다. 췄지? 몰라유.

10억짜리 양도성 예금증서 추적. 이재정이 받았군. 그럼, 그렇지. 구속. 집행유예. 3000만 원 벌금형. 2005년 사면. 성공회에 사직서 제출. 정철범 대주교가 반려.

"윤리적인 죄를 지은 것도 아니고 교회법은 나라법과 다르기 때문에 사제직을 그만둘 이유가 없다."

2006년 이재정 통일부 장관 등극. 각종 1호 기록을 깬다. 신부가 장관을. 참여정부 공직자들이 재산을 공개했다.

1등은 법무부 장관으로 106억.

그럼 꼴찌는 누굴까요? 물론 이재정 신부다. 3억.

2008년 성공회대 교수로 복귀.

✝ ✝

노무현(1946년~2009년). 안도현 왈. "피멍 든 살을 쓰다듬으며 당신이 일어나야, 우리가 슬픔을 내던지고 두둥실 일어나요. 당신이 일어나야 산하가 꿈틀거려요, 당신이 일어나야 동해가 출렁거려요, 당신이 일어나야 한반도가 일어나요." 이용재 왈. "아니에요. 또 죽일 거에요. 그냥 누워 계세요."

내비게이션에 쳤다. 청주시 상당구 수동 202번지. 청주 수동성당 찾아가는 길. 주의 사항. 인근의 천주교 수동성당과 헷갈리지 않도록 주소 치세유.

문이 잠겨 있으니 사전에 양해 구하시고요. 043-255-4800.

"아빠 청주는 오랜만이네."

"응, 워낙 건축문화재가 드문 동네라."

"왜 문화재가 없는 거야?"

"역사상 한 번도 정권을 잡아본 적이 없걸랑. 왕따 동네."

"청주 큰 도시야?"

"충청도의 충청은 뭔 뜻이냐?"

"몰라."

"충주와 청주의 합성어. 그만큼 큰 도시였단다."

"지금 청주의 인구는 몇 명인데?"

"64만."

"별로네. 충주는?"

"20만."

"왜 청주를 교육의 도시라고 하는 거야?"

"백제, 신라, 고구려 순으로 주인이 바뀌면서 아예 권력과 담 쌓고 공부만 했걸랑."

"청주 국회의원이 전부 몇 명이야?"

"3명."

✝ ✝

"당은?"

"민주당."

"왕따 맞군. 왜 이 동네 이름이 상당上黨이야?"

"높은 무리가 있다는 뜻이야. 조선 시대에 군 총사령부가 이 동네 상당산성에 있었걸랑."

"그럼 수동壽洞은? 물이 좋나?"

"물이 좋아서 장수하는 어른이 많은 동네."

✢ ✢

상당산성. 원래 서해안 방어군 총사령부는 1418년 축조된 해미읍성이었으나 1651년 이곳 청주로 충청도 군 사령부가 이전하면서 축성된 산성임. 1716년 석축으로 개수. 산성의 면적은 약 72만 제곱미터(22만 평), 성 둘레 4400미터.

시청 건너편 언덕 위에 있다. 어라, 아무도 안 보이네. 문은 잠겨 있고. 무턱대고 사제관 벨을 눌렀다.

"누구신감유?"

"저, 이용재인디유."

여자 목소리. 수녀님인가. 중년의 아주머니가 나오신다.

"문 좀."

"아, 예."

"혹 사모님이신감유?"

"예."

이제 묻지 마 인터뷰가 시작된다.

"신부님 학번은?"

"73."

"자녀는?"

"외동딸."

"직업은?"

"사회복지사."

역시나다.

"혹 딸이 사제에게 시집간다고 하면?"

"상관없음. 외할아버지도 사제라."

"월급이 60만 원이라던데. 생활이 되남유?"

"그보단 많아요. 살 만큼."

✝ ✝

"서울 성공회에서 월급이 내려오남유?"

"독립채산제."

"신자 수는?"

"150명."

"그럼 신자가 많은 성당은 신부님 월급도 많겠네유?"

"상한선이 있음. 호봉제라."

"성공회대는 등록금 공짜죠?"

"아님. 일반대와 같음."

"대학 졸업하면 다 신부되는 거 아니죠?"

"대학원 졸업 후 시험 봐야 됨."

"여학생도 입학할 수 있남유?"

"당근."

"졸업생 중 사제 되는 비율은?"

"70퍼센트."

"현재 신부님 수는?"

"250명."

"정년은?"

"65세."

"퇴임 후 생활은?"

"쥐꼬리만 한 퇴직금으로 버팀."

"천주교는 퇴임 후 시설로 들어가시던데. 성공회는 가족이

✢ ✢

있어서…."

"각자 알아서 해결."

"여기 대지가?"

"1만 6000제곱미터(5000평)."

"이재정 신부가 정치에 참여한 걸 우찌 생각하시남유?"

"노코멘트."

청주에 성공회가 들어온 건 1922년. 이 성당이 건립된 건 1935년. 설계자는 세실 쿠퍼 신부. 75세 된 한옥 성당. 충북유형문화재 제149호.

"아빠, 평생을 어려운 이웃을 도와주시는데 등록금 자부담은
너무한 거 아니야?"

"가난해서. 그래도 가려는 학생들 줄 섰어."

"거참 알다가도 모를 일이네."

"인생도 그래."

"대한성공회 수동성당은 전체적으로는 한국 전통 기와집의 형태를
띠면서도 서양식의 개구부와 붉은 벽돌을 사용하고 주춧돌의
형태에서 근대적인 풍취를 풍긴다. 동서 복합적 구조물인 대한성공회
수동성당은 유교적 관념에 따라 남녀의 출입구를 양측으로
분리해뒀다. 창호의 완자 모양과 유리 사용 등에서 전통 한옥이
근대적 기능을 수용하는 과정을 보여준다"

황평우 왈.

2009년 5월 23일. 드디어 올 것이 왔다. 노짱 투신. 봉하마을의 정토

+ +

세실극장. 1976년에 건립된 세실극장의 원래 건물명은
성공회회관. 성공회의 수익 시설. 설계자는 대한민국
건축계의 거장 김중업. 성공회의 4대 대주교인 세실
쿠퍼를 기리기 위해 세실극장으로 개명. 사진은
김중업의 부산 충혼탑.

원을 찾았다. 마침 노짱 아침 식사 시간. 어라, 대중이 형도 모셨네. 스님에게 물었다.

"대중이 형은 천주교 아닌 감유?"

"임금이잖아."

"아, 예. 노짱 잘 아시죠?"

"그럼. 내가 말야 어렸을 때부터 변호사, 국회의원, 대통령 때까지 쭉 봤는데 말야. 이렇게 일관성 있는 대통령은 첨 봐. 그제나 이제나 항상 손에 힘을 주는 거야. 겸손하고. 다른 대통령은 말야 권좌에 앉으면 손에서 힘을 빼던데 말야."

"아니, 스님 왜 나쁜 대통령은 안 델고 가고 착한 대통령만 델고 가는 겁니까?"

"빨랑 다시 태어나서 착한 일 많이 하라고."

빨랑 가야겠군.

도연명 왈.

돌아가리로다.

전원이 장차 거칠어지려는데 어찌 돌아가지 않으리오….

진작 길 잘못 들긴 했으나 아직 멀리 벗어나지는 않았으니,

지금이 옳고 지난 일이 틀렸음을 깨달았다네.

✠ ✠

국립청주박물관. 수동성당 인근 3킬로미터 거리에 있는 대한민국 현대 건축의 명품. 보고 가셔야죠. 설계자는 김수근. 1987년 청주의 땅 부자 곽응증 선생이 약 9만 9000제곱미터(3만 평)을 기증하면서 중원 문화의 전초기지가 된다. 참고로 입구의 경비실 설계자는 우리 시대의 명인 김개천이다.

성공회

온수리성당

어제의 나는
오늘의 내가
아닐지니

"아빠, 어떤 네티즌이 아빠보고 또라이래."
"머라, 올려라."

MBTI적으로 보면 이용재는 NT일 확률이 많다. INTP, INTJ, ENTP, ENTJ. 아마 INTP가 아닐까? 짧고 간결하게 설명하고 지적 호기심이 강하다. 비유나 은유는 거의 없고, 자기가 하고자 하는 말에 직접적으로 접근한다.

이용재는 건축물에 대해 인문학적인 해석을 가한다. 유홍준이 전반적인 문화유산에 대해 객관적인 해석을 한다면, 이용재는 건축물을 중심으로 한 주관적인 역사적 해석을 부여한다. 그래서 건축물에 대한 설명보다는 다른 이야기가 더 많다. 그리고 지독히도 주관적이고, 개인주의적이다. 다른 사람들의 의견이나 생각은 별로 중요하게 생각하지 않는 듯하다. 읽고 싶으면 읽고, 읽기 싫으면 읽지 말라는 아주 뻔뻔한 작가이다.

하지만 바로 이것이 이 책의 커다란 매력 중 하나이다. 마치 궤변을 늘어놓는 '또라이' 같은 느낌이 든다. 터무니없는 욕을 들으면서도 손님이 북적이는 '욕쟁이 할머니 식당', 손님의 요구와는 전혀 상관없이 주인이 원하는 차를 내놓는 창원 북면에서 창녕 영산으로 넘어가는 본포나루의 '알 수 없는 세상'이라는 찻집 같은 느낌…. 나도 그런 근성 있는 또라이가 되고 싶다.

"아빠, 신부님이 목에 흰색 로만 칼라를 착용하는 이유가 머야?"
"독신의 정결을 상징하기 때문이야."

✝ ✝

"성공회는 먼 뜻인데."

"거룩하고 공변되다."

"공변되다가 머야."

"한쪽으로 치우치지 않고 공평하다."

"천주교와 기독교는 머가 다른 거야?"

"보수적인 천주교와 진보적인 기독교를 합친 거야. 중용."

1885년 중국 선교사 울프 신부 부산 상륙. 1887년 영국 런던 성공회 대주교의 집무실인 램버스관에서 10년 만에 제3회 램버스회의 개최. 울프 신부가 손을 들었다.

"밴슨 대주교님! 질문 있는디유."

"말해 보아라."

"조선이 물 좋걸랑요. 인구도 500만 명이나 되고. 기독교는 이미 1885년에 한양 점령했다네요."

"머라. 500만 명? 존 코프 신부는 조선으로 가라. 제1대 조선교구장에 임명하노라."

존 코프 신부(1843년~1921년)는 영국 옥스퍼드대학교를 나온 영재. 울프 신부와 주막에 마주 앉았다.

"야, 조선이 어디 붙어 있는 나라냐? 난 평생 첨 들어봤다."

"중국과 일본 사이에 있어."

"근디 조선이 먼 뜻이냐?"

"해 뜨는 나라."

✝ ✝

대한성공회 강화 온수리성당사제관. 트롤로프 신부가 1898년 건립. 1933년 원형 그대로 중수. 인천시 유형문화재 제41호.

"왜 조선이 해 뜨는 나라냐?"
"전 세계의 중심인 중화민국의 동쪽에 붙어 있는 반도걸랑."
"조선의 지도자는 누군데?"
"공자."
"머라. 그 위대한 선비 말이냐?"
"응."
"그럼 장난 아니네."
"그렇다니까."

도서관으로 직행. 4서5경 읽기 시작. 밤에는 한국어 공부. 3년간 준비. 유서 써놓고 1890년 의사 랜디스와 와일스, 간호사 수녀 두 명 대동. 싱가포르, 홍콩을 거쳐 제물포항 상륙. 배 타고 가다 허리케인 만나 물에 빠져도 보험 처리 안 되는 거 아시죠.

"아빠, 제물포濟物浦가 먼 뜻이야."
"물건 왔다 갔다 하는 항구."

인천 중구 송학동에 병원을 차렸다. 성 누가 병원. 선교는 좀 있다 하고. 인천 최초의 병원. 환자는 밀려들고. 말은 안 통하고. 머 이렇게 말이 어려운 거야. 중국어를 비롯해 5개 국어에 능통한 코프 신부도 한국어만은 노 생큐. 보디 랭귀지로 버틴다.

"아빠, 왜 병원 이름이 누가야?
"가난한 자를 위해 일생을 바친 성 누가의 정신을
계승하겠다는 거야."

✝ ✝

"그럼 간판에 성 누가라고 붙은 병원은 공짜겠네."
"응."

1891년 드디어 서울 공략. 지금의 정동 성공회대성당 뒤편 수학원 구입.

"아빠, 수학원修學院이 머 하던 데야? 학원인가?"
"왕족과 명문가 자제에게 신학문을 가르치던 학교."

그래 약 99m²(30평) 규모의 쓰러져가는 한옥은 강림성당이 되고. 대한민국 최초의 성공회 성당.

"아빠, 강림降臨이 머야?"
"하느님의 아들 예수가 인간의 형상으로 이 세상에 태어난 거."

서울은 이미 천주교와 기독교가 점령한 상태. 1896년 강화도에서 첫 세례자가 나온다. 김희준. 잘됐다. 좀 에둘러 가자.

1899년 코프 신부는 김포나루터에서 배에 올랐다.

"야, 이 섬 이름이 왜 강화냐?"
"처음엔 곶이었는디."
"곶串은 먼데?"
"바다로 돌출한 육지요."
"거참 한문 어렵다."
"백성들이 곶 발음이 거시기하니까 꽃으로 부르기 시작했걸랑요."
"그럼 꽃 화化 자 쓰냐?"
"나중에 선비들이 빛날 화華 자로 바꿨어요. 멋 부리느라고."

✝ ✝

김포의 문수산성. 사적 제 139호. 1694년 축성. 둘레 2.4킬로. 면적 약 6만평. 1866년 병인양요의 격전지. 복원 중.

"그럼 빛나는 강이군."

"예."

"근디 거시기가 머냐?"

"그러니까 설라무네 거시기하니까, 그냥 넘어가죠."

이미 철종의 모친 용성 부대부인 염 씨가 순교한 땅. 그래 조선 25대 왕 철종의 잠저인 용흥궁에 인접한 언덕을 사들이고 성당 건립에 나선다.

건축 총책임자는 제2대 주교 터너. 명동성당은 고딕으로 갔는데 우린 로마네스크로 갈까.

백문이 불여일견. 밀양의 표충사를 찾아 주지 스님과 마주 앉았다.

"스님, 종교가 먼감유?"

"높고 변함없는 진리."

"그럼 절은 머 하는 덴감유?"

"안 늙고 안 아프고 안 죽는 법 가르쳐주는 곳."

"그럼 대한민국 건축의 정수는 먼감유?"

"인문학적인 건축. 자연에 들어가 자연을 완성하는."

애들아 가자. 한옥밖에는 방법이 없군.

"아빠, 근데 왜 스님을 중이라고 하는 거야?"

"모여 사시니까. 무리란 뜻의 중衆이야."

"주교님, 적송이 필요한디유."

"그게 어디 있는데?"

✝ ✝

용흥궁. 시도유형문화재 제20호. 조선 제25대 왕인 철종이 살던 잠저. 1853년 강화 유수 정기세가 중건. 지금은 다도를 가르치는 학교로 변신.

표충사. 사명·청허·기허대사를 모신 절.
절이라기보다는 사당에 가까운 절. 그래서
표충表忠이라는 절 이름은 충성스러운 세 명의 위대한
스님을 본받으라는 뜻. 654년 원효대사가 창건.

"백두산에 가면 구할 수 있을걸요."

"머라."

2대 주교 터너는 1900년 과로로 지구 떠나고. 유언은 이렇다. 나 다시는 한옥 안 지을 거야. 3대 주교 트롤로프(1862년~1930년)가 이어 받는다. 1901년 성공회 강화성당 완공.

이제 강화도 북쪽은 됐고. 영국인 외과의사 로우스가 따뜻한 지하수 가득한 온수리溫水里에 천막 치고 병원 개업. 감초로 버티던 강화 백성은 만병통치약 아스피린에 뿅 간다. 신자들 넘쳐나고. 1905년 온수리성당 건립 착수. 돈은 없고. 트롤로프 주교는 강화성당 도편수를 다시 불렀다.

"주교님, 나무는 역시 백두산에서 가져오는 게…."

"터너 주교 과로사한 거 모르냐. 너 나 죽는 거 보고 싶냐. 그냥 뒷산에서 베어 와라."

"성공회 강화성당 베끼면 되남유?"

"됐걸랑. 나 카피 싫어해. 하나 물어보자. 왜식 한옥 보니까 솟을대문 위에 방을 만들던데 용도가 머냐?"

"소작인들 농사짓는 거 감시하는 초소인디유."

"여기도 솟을대문 위에 방 만들어라."

"머 하시게유?"

"종 달게."

"근디 종은 왜 치는 건감유?"

✢ ✢

대한성공회 강화성당. 인천 강화군 강화읍 관청리 250. 사적 제424호. 1901년 터너 신부가 건립.

"종 치면 빵과 포도주가 그리스도의 몸과 피로 변하걸랑."
"성당은 성공회 강화성당처럼 대문과 일직선상에 놓으면 되남유?"
"90도 꺾어라."
"중층으로 하면?"
"됐걸랑. 단층으로 해라. 돈 없다."

1906년 완공. 현판을 걸었다. 성 안드레아 성당. 인천시유형문화재 제52호.

"아빠, 안드레아가 누구야?"
"예수의 12제자 중 한 분. 수석 제자인 베드로의 동생."

1896년부터 강화 온수리병원에서 간호사로 일하던 알마 수녀는 1906년 전염병에 걸려 간다. 고맙습니다, 수녀님. 잊지 않겠습니다. 갈 때 잘 가야 된다니깐.

1914년 성공회 강화성당에 최초의 '성 미카엘 신학원' 설립. 최초의 세례자 김희준. 1호 사제 서품. 검은색 수단을 걸쳤다. 난 이제 세상과의 인연을 끊은 성직자.

"아빠, 성 미카엘은 머 하는 분이야?"
"죽음의 천사. 하늘나라 군 총사령관이야."

갈 길이 멀군.

"사제司祭는 머야."
"미사를 지내는 사람."
"수단soutane은?"

✢ ✢

"발목까지 내려오는 옷."
신부는 검은색, 주교는 자색, 추기경은 붉은색. 추기경은 흰색 수단을 입는다.

"추기경樞機卿은 먼 뜻이야?"

"돌쩌귀. 인생을 원활하게 돌려주는 어른."

"사제가 되려면 몇 년 걸려?"

"6개월 교리 강습. 3년 신자. 신학교 7년. 군대 2년. 최소 12년 6개월."

"세상에 쉬운 일이 없군."

"응."

2004년 새로운 성공회 온수리성당 신축. 서울성공회성당을 베꼈다. 이제 성 안드레아 성당은 역대 주교들의 유품을 전시하는 기념관.

"아빠, 지금 살아 있는 한옥 성당은 몇 개야?"

"강화성당(1990년), 온수리성당(1906년), 부대동성당(1920년), 병천성당(1921년), 진천성당(1923년), 수동성당(1935년), 객사리성당(1936년), 안중성당(1956년) 등."

2001년 대한민국 최초의 여성 사제 탄생. 민병옥. 어른 신부님들 전부 입원. 머라, 여자가 사제를.

"아빠, 성공회 신부님 월급은 얼마야?"

"60만 원."

"그거 갖고 어떻게 애를 키워?"

✝ ✝

대한성공회 부대동성당. 1920년 4대 주교 쿠퍼 신부가 건립. 충청남도 천안시 부대동 118.

"결혼한 신부는 조금 더 줌."

1992년 영국 캔터베리 대주교 관할에서 독립 관구로 승격한 대한성공회는 현재 교회 150개, 신자 6만 명, 성직자 200명.

1969년에 완공된 강화교는 노후화로 1997년 새로운 강화대교로 대체. 2002년 강화 초지대교 완공. 이제 사통팔달. 인구 6만 7000명의 오지. 좀 다녀오시죠.

선현 왈. 배워 남 주나.

"어제의 나는 오늘의 내가 아니고 오늘의 나 또한 내일의 나는 아니다. 한순간도 머물러 있는 것은 없다."

인천 강화군 길상면 온수리 505-7.

✢ ✢

대한성공회 청주 수동성당. 충청북도 청주시 상당구 수동. 1935년 주교 쿠퍼 신부가 건립. 충청북도 유형문화재 제149호.

성공회

진천성당

너의 길을 가라,
그게 맞는
길일지니

모 대학 학보사에서 질의서가 왔다. 이놈의 인기.

1. '건축 평론가'를 하면서 따로 블로그를 운영하고 책을 출판하게 된 계기가 있나요?

        돈 많이 벌어 고아원 차리려고.
        센 놈 3000명 양성이 목표.
        공자가 그랬듯이.
        물론 안 되면 말고.

2. 블로그의 내용 대부분이 딸과의 대화 형식으로 이뤄져 있는데, 특별히 딸과 건축물을 탐방하는 이유가 있나요?

        인문학적인 교육을 위해.
        자고로 교육은 아빠의 몫.
        엄마는 경제 담당.

3. '건축 평론가' 하면 건축 구조에 대해 분석할 것 같은데 역사에도 조예가 깊으신 것 같습니다. 건축물과 역사는 어떤 면에서 깊은 연관성이 있다고 보십니까?

        건축과 역사는 두 개가 아님.
        질문 자체가 우문.

4. 문학도를 꿈꿨다고 읽었습니다. 문학과 견주어 건축 평론가의 일은 어떤 매력이 있을까요.

        건축 평론가는 경쟁자가 없어 돈 벌기도 역사에 남기도 쉬움.

✦ ✦

남들이 안 하는 걸 하길 바람.

물론 라면 즐겨 먹어야 됨.

5. 딸 화영이가 '마음으로 보는 법'을 배웠다고 답한 부분이 인상 깊었습니다. 블로그를 찾는 많은 사람들에게는 어떤 것을 전해주고 싶으신가요.

너의 길을 가라.

그게 맞는 길임.

잘 모르겠으면 독서하고. 거기에 답이 있나니.

독서량 3000권에 이르면 보이나니.

김성수 신부. 본관 광산. 집안은 3대째 성공회 교인. 1930년 경기도 화성 생. 단국대 정외과 졸. 성 미카엘 신학원, 영국 셀리오크 신학대 졸업. 1964년 사제 서품.

1969년 영국 여성 후리다와 결혼. 슬하에 1남 1녀. 부인의 꿈은 남편 월급봉투 받아보는 거.

"아빠, 엄마랑 꿈이 같네."

"머라."

"그럼 가족은 뭐 먹고 살았어?"

"부인이 알바."

"우리 집이랑 같군."

1987년 1월 14일 박종철 열사 고문치사. 짭씨 왈. 책상을 탁 치니 억

✝ ✝

박종철. 1964년 부산 생. 1987년 서울대 언어학과 3학년에 다니던 박종철은 서울대학교 '민주화추진위원회' 사건 참고인으로 영장 없이 불법으로 강제 연행됨. 다음 날 물고문으로 사망. 경찰은 고문치사 은폐.

하고 죽었다. 향년 24세. 우째 이런 일이.

"아빠, 경찰이 업자들한테 돈 먹다가 걸렸데."

"만날 있는 일이야."

"경찰이 사고 치면 누가 잡아가?"

"경찰이."

"그놈이 그놈 아니야?"

"…."

1987년 6월 항쟁. 경찰들 서울성공회성당 난입. 무차별 구타. 서울교구장 김성수 열 받았다. 단식 투쟁. 군바리들은 물러가라 훌라 훌라. 불꽃은 이미 타올랐고. 직선제 개헌 관철.

최근 대학생들을 대상으로 여론 조사를 했다. 10명 중 6명이 6월 항쟁이 뭔지 모른다나 뭐라나.

"아빠도 6월 항쟁에 참여했어?"

"아빠는 당시 휴전선 안에서 찔러 총 중이었음."

"왜 전방에 갔어? 할아버지보고 좀 빼달라고 하지."

"거부. 특혜는 질색."

"근데 왜 나보곤 놀면서 아빠 인세 받아 살라고 하는 거야? 나도 나의 길을 갈 거야."

"나중에 엄청 후회했걸랑. 뒈지게 맞으면서. 말을 뒤집을 수도 없고."

"그럼 난?"

"넌 여자니까 나중에 뒤집어도 돼. 엄마 말 뒤집는 거 봐."

✢ ✢

6·10항쟁. 대통령 선거인단이 대통령을 뽑는 간접 선거를 골자로 한 기존 헌법에 대한 전두환 대통령의 호헌 조치와, 경찰의 박종철 고문치사 사건, 이한열이 시위 도중 최루탄에 맞아 사망한 사건 등이 원인이 되어 6월 10일 이후 전국적인 시위 발생. 6월 29일 노태우 백기 항복. 대통령 직선제로 개헌이 이루어졌다.

이한열. 1966년 전북 화순 생. 1987년 6월 9일 연세대에서 열린 6·10항쟁 출정을 위한 연세인 결의대회 시위 도중 경찰이 쏜 최루탄에 뒷머리를 맞아 한 달 동안 사경을 헤매다가 7월 5일 스물두 살의 나이에 사망. 7월 9일 치러진 고 이한열 열사 민주국민장에는 전국적으로 160만 명이 그를 추모했다.

1993년 영국 성공회에서 독립. 대한민국 성공회 첫 관구장에 오름.
아들이 대학에 들어갔는데 영장이 안 나온다. 병무청을 찾아갔다.

"아니 왜 영장이."

"동양 사람끼리 결혼한 2세는 얼굴이 한국인과 비슷해 가능.
서양 2세는 불가. 왕따의 가능성 때문에."

아들은 남들이 꿈에 그리던 한예종 교수. 6개월 만에 사직. 제도권과 안 맞음. 딸은 쌍둥이 아들 키우는 평범한 전업주부.
2000년 부친에게서 물려받은 강화도 땅에 장애인 시설 '우리마을' 설립. 시가 20억. 2004년 푸르메재단 이사장.
2006년 파라다이스 상 수상. 상금 2000만 원 푸르메재단에 기부.

"아빠, 우리나라 장애인이 몇 명이나 돼?"

"500만."

"장난 아니군."

"응."

성공회대 3, 4대 총장 역임.
성공회대 총장. 취임 일성은 이렇다.

"나를 열고, 내 것을 나누고, 너를 모시겠다."

학교에서 지급한 판공비 4000만 원 전액 학교에 반납. 은행에서 전화가 왔다.

"총장님 맞남유?"

"맞는디유."

✝ ✝

"카드 정지 들어가야 되는디유."

"아, 예."

"주민번호 확인하겠습니다. 성공회대 총장 맞지유?"

카드 정지는 들어오고.

기자가 물었다.

"참된 기독교 정신이 뭡니까?"

"더불어 사는 거."

"행복이란?"

"욕심 없는 거."

"몇 평 아파트에 사시는지."

"79제곱미터(24평)."

"왜 결혼하셨는지."

"결혼한 부부들 상담하려고. 이혼 말리려면 나도 경험해보는 게 최선이라."

국민 여러분, 대한민국 이혼율 세계 1위입니다. 좀 참으시죠. 저도 참고 있습니다. 마누라가 덤빈다고요? 귀엽잖아요.

"아빠, 성공회대 학생 수는 몇 명이야?"

"2500명."

"대학원생은?"

"500명."

"조그맣군."

✢ ✢

"응. 신자들 모으는 데 별 관심이 없어."

2008년 퇴임한 후 강화도 '우리마을'로 낙향. 장애우들과 여생을 함께하고 있다. 이미 80세.

대한성공회 조직 보자.

1. 서울교구. 1965년 한국인 최초의 이천환 주교로 출발. 2대 김성수. 3대 정철범. 4대 박경조. 5대 김근상 주교.
2. 대전교구. 1965년 독립. 충청남북도와 전라남북도, 강원도 통치.
3. 부산교구. 1974년 독립. 경상남북도와 제주도 통치.

군림하지만 통치하지 않는 게 성공회의 모토. 보직은 있지만 너나 나나 동격.

"아빠, 성공회에서 제일 높은 사람은 누구야?"

"6대 관구장 윤종모 주교."

1905년 윌프레드 거니 신부 입국. 영국의 대한민국 점령이 본격적으로 시작된 거다.

"주교님, 저는 어디로 가남유?"

"진천으로 가라. 생거진천生居鎭川 사거용인死居龍仁이니라."

"그게 먼 말인감유?"

"너 아직 4서5경 안 떼었냐?"

"예, 아직."

"살아서는 진천이 좋고 죽어서는 용인이 좋다. 진천 물맛 끝내주니라."

✝ ✝

"용인은?"

"명당이 많걸랑."

"광영이옵니다."

용인 시장 열 받았다. 수억을 들여 광고를 냈다.

"생거용인 사거진천."

신문사에 전화 폭주. 오타임. 언론사는 각성하라 훌라 훌라.

거니 신부는 경남 창녕의 관룡사를 찾았다. 구조미가 절경이군.

"아빠, 구조미가 머야?"

"집 모양을 만들기 위해 최소한도로 나무를 끼워 맞춘 모양을 그대로 드러내 최고의 경지에 오른 아름다움."

좋다 나도. 한양에서 도편수를 구해 말 타고 농다리를 건넜다.

"야, 이 다리 몇 년 된 거냐?"

"1000년."

"장난 아니군. 야, 근데 농다리가 먼 뜻이냐."

"돌을 엮어 만든 다리."

거니 신부는 우선 이름을 바꿨다. 김우일. 토착화가 지름길. 나 이제 거니 아님. 한복에 갓 착용.

'ㄱ'자 한옥 짓기 시작.

"온수리성당은 일자 아니었남유?"

"우리 성당은 병원으로도 써야 되걸랑. 꺾어진 날개는 애인병원이다."

✝ ✝

관룡사. 경남 창녕군 창녕읍 옥천리. 394년 창건. 우리 시대의 명인 원효대사가 670년경 여기서 화엄경을 설파해 뜬 절. 원효대사가 이곳 칠성각에서 100일 기도를 마치고 나오니 화왕산 정상 월영삼지에서 아홉 마리 용이 승천한다. 그래 이 절은 관룡사가 되나니.

1908년 60칸의 장대한 한옥 완공. 아서 로스 선교사 도착. 전공은 내과. 환자들은 밀려들고. 치료비는 공짜. 환자는 신자가 되나니.
1919년 진천의 영웅 윌프레드 거니 신부 모국으로 귀국. 고생하셨습니다. 조지 어니스트 휠렛 신부 도착. 부전공은 미술. 성모자상 그린다. 성모는 갈래머리에 쪽비녀를 꽂았고, 치맛자락에 싸인 아기 예수는 배냇머리에 자리옷을 입었다. 무섭군.

"아빠, 배냇머리가 머야?"
"태어난 후 한 번도 깎지 않은 갓난아이의 머리털."
"자리옷은 머야?"
"잠옷."

1923년 소실. 조지 어니스트 휠렛 신부가 일자로 중건.
1976년 진천읍 도시계획 착수. 지금의 읍내리로 해체 복원. 재주 있는 도편수도 없고. 동쪽에 정면 출입구, 서쪽에 제단을 둔 긴 직사각형 평면으로 정면 4칸, 측면 8칸.
2002년 근대문화재 8호로 등록. 좋다. 그럼 원래 모습대로 다시 짓겠다.
1. 회벽으로 처리된 외벽 상부는 원래대로 붉은 벽돌로 교체.
2. 서양식 쌍여닫이창은 내부 유리창, 외부 전통적인 띠살창호로 구성된 이중창 구조로 교체.
3. 합각 부분의 타일 장식은 벽돌로 된 십자가 장식으로 교체.

"아빠, 근대문화재가 머야? 국보나 보물과 머가 다른 거야?"
"국보 같은 문화재는 강제적으로 보호. 근대문화재는 소유자의

✚ ✚

진천 농다리. 돌부리가 서로 물려지도록 쌓았으며 속을 채우는 석회물을 보충하지 않고 돌만으로 건 쌓기 방식으로 쌓았다. 길이 93.6미터, 너비 3.6미터, 두께 1.2미터. 충북유형문화재 제28호.

자발적인 보존 의지를 지원."

"근대문화재로 등록해도 팔 수 있어?"

"응."

"등록되면 먼 이익이 있는데?"

"수리비 지원. 상속세 면제. 양도소득세 감면. 재산세 50퍼센트 감면."

2005년 이건. 아트. 내 이렇게 단아한 내부 공간은 첨.

내비게이션에 쳤다. 충청북도 진천군 진천읍 읍내리 329-1. 도착. 어라, 없네. 이사 가기 전 주소인 듯. 다시 쳤다. 진천성당. 도착. 머야, 이거 천주교회잖아. 물었다. 성공회 성당이? 정문 나가서 직진. 1킬로미터 가면 우측 언덕 위에 있음.

현주소 충북 진천군 진천읍 교성리 63-9 치세유.

주자 왈.

<u>몸을 닦고</u>

✢ ✢

마음을 다스리고

부모를 섬기고

사물을 접해 이치를 궁리하는 일을 소홀히 해서는 안 된다.

"아빠, 왜 성공회 얘기하다 주자 왈이야?"

"배움엔 국경이 없걸랑."

양덕성당

뒤에 남겨진
사람의 가슴속에
내가 살아 있을
수 있다면 나는
결코 세상을 떠난
것이 아니다

1963년 구청 앞의 건축 허가 대서방 주인들은 삼삼오오 모여 대책회의를 연다. '사이드 잡(a side job : 부업)'으로 건축 허가 서류 업무도 대행해주었다. 4년제 대학 건축과들이 우후죽순으로 졸업생들을 쏟아낼 텐데, 생존권 차원에서 우리 밥그릇을 먼저 보호해야겠다. 제도적으로 먹물들이 우리 밥그릇을 넘보지 못하도록 새로운 법률을 제정하자. 이른바 건축사 제도의 신설.

전국의 건축과 학생들은 대학 연맹을 구성하고 건축사 면허 제도의 부당성을 주장한다. 서울대학교 건축과 3학년 행동대장은 김원. 그렇다면 박수근 화백은 화가증 있나. 피아니스트 백건우는 음악증 있나. 왜 건축만 증을 만드냐. 뭔가 음모가 있다. 무너지는 문제가 걱정이라면 어차피 구조기술사가 있지 않냐. 건축디자인을 통제하려는 술수. 만날 종로 조계사 옆의 종로예식장에 모여 궐기대회를 연다. 악법 제정 시도를 중단하라, 중단하라! 1963년 12월 법률 제1536호 제정 공포. 이때부터 대한민국 건축계는 이 건축사법의 족쇄를 차게 된다. 건축사법의 부칙은 이렇다.

"이 법 시행 당시 동업에 10년 이상 종사한 자는 건축사 시험을 면제한다."

독소 조항. 구청 앞에서 '양면궤지'에 '골펜'으로 평면도 한 장 대충 그려 건축 허가 업무에 종사하던 대서소 주인들이 전부 건축사가 된 거다. 심지어는 주택공사 수위실에서 10년 근무한 자도 건축사다. 아파트 관리소장도 건축사고. 1964년 1회 건축사 시험이 한양대학교에서 실시된다. 이미 1000여 명의 대서소 주인들은 자동으로 증 받은 후. 전국에서 모여든 뜻 있는 건축과 학생들은 한양대학교 정문을 막아 선다.

난리가 났다. 건축사 시험 제도를 폐기하라. 보류. 대서소 주인들은 좀 미안했다. 김중업, 김수근 선생보고 시험 보라고 하기도 난처하고. 부칙.

1935년 이전에 출생한 원로들은 자동으로 건축사를 준다. 1년 차이로 망신당하게 생겼다.

대학 졸업 후 5년간 실무에 종사한 자는 제도판하고 티자 들고 시험장으로 향한다. 가관. 먹물들을 1년에 10명 정도 뽑는다. 이미 1000여 명의 허가방 주인들이 정권을 잡은 뒤라 열 몇 명씩 들어가봐야 힘을 못 쓴다. 그들이 노리던 바다. 주택을 짓고 싶은 건축주들은 굳이 건축디자인을 고집하는 먹물 건축사를 찾아갈 필요가 없다. 설계비만 비싸고. 30만 원만 들고 구청 앞 허가방에 가면 수백 장의 표준 도면이 한 권의 책으로 나와 있다. 거기서 그냥 고르면 된다. 우리 주변의 주택들 모양이 다 똑같은 이유다.

김 씨네나, 이 씨네나, 평면은 같다. 벽돌 색깔이나 기와 색깔이 좀 틀릴 뿐. 종로예식장에 모였던 점조직원 중 김원은 끝까지 시험 거부. 행동대장 체면이 있지. 1970년 친구가 건설부 건축과장으로 발령받는다. 야, 우리가 뭐 미용사냐. 미용사 자격증하고 건축사 자격증 모양이 똑같다.

김중업 작품 경남문화예술회관(1988년). 남강을 사이에 두고 한국 현대 건축의 양대 거장이 마주 보고 있다. 전통의 현대적 해석은 내가 최고걸랑.

야, 원아 니가 생각을 바꿔라. 실정법이니. 예비군 동원 훈련 하듯이. 인천에 교육장 만들어놓고 매년 건축사 재교육 실시. 출석 안 하면 무조건 건축사 면허 취소. 김중업 선생이 결석했다. 김중업 선생보고 강사도 아니고 학생으로 출석하라니. 원 창피해서.

면허 취소다. 일벌백계. 건축사 면허 취소 1호. 허가방 주인들은 출석 열심히 한다. 밥줄이니. 김중업은 건설부 장관에게 부탁해서 간신히 면허는 살렸다.

1980년 국보위가 들어선다. 국가보위비상대책위원회 의장은 당연히 땡전 전두환. 국가를 쿠데타로 뺏은 당사자가 국가를 지킨다고. 헷갈린다. 우찌 됐든 총칼 들고 있으니 방법은 없고. 실정법을 따르든가 이민 가든가, 각자 마음. 국보위에 민원실이 설치됐다. 살벌한 곳. '억

✚ ✚

국보위(국가보위비상대책위원회). 1979년
10·26사건에 따른 사회적 혼란을 수습하기 위해
1980년 전국 비상계엄하에서 설치. 쿠데타로 정권을
잡은 신군부의 불법 단체. 반란 수괴는 전두환.

울한 거 다 해결해준다' 권총 차고. 3개월간 2만 4000건의 민원이 들어왔다. 민심을 얻기 위해 설치된 곳이라 속전속결로 해결해준다.
접수된 민원은 4등급으로 분류. D급은 가짜 민원. 쓰레기통에 버린다. C급은 관계 부처로 이관. 별 볼일 없다는 야그다. B급은 관계 부처로 보내 조치 후 보고하도록 한다. A급은 권총 차고 직접 조사. 일단 A급 판정받으면 덕수궁에 임시로 설치된 탱크 근처에 끌려가 뒈지게 맞는다고 보면 된다.
김원이 증도 없이 건축사 업무를 수행한다는 민원이 들어왔다. B급. 건설부로 이관. 다행히 서류를 받은 이가 1년 후배다. 고민이다. 만날 이 소령은 처리했냐고 전화를 하고. 민원을 집어넣은 이가 좀 골수분자였다. 며칠간 시달리다 다시 서울시청으로 이관.
서울시로 불려갔다. 아니 왜 증 안 따셨어요? 건축이 예술인디. 어쩌고저쩌고. 그건 알겠는데요. 이거 잘못 처리하면 저 삼청대 가야 되걸랑요. 검찰로 넘길게요. 거기 아시는 분도 많을 테니.
검찰로 출두. 아니 왜 증 없이 건축 허가 업무에 관여하시는 거예요.

건축이 예술인디. 어쩌고저쩌고. 실정법을 무시하다니. 반체제의 우려가 있음. 약식기소. 벌금 50만 원. 이거 인정하면 민원 들어갈 때마다 계속 50만 원 벌금이다. 경기고등학교 2학년 때 경기중학교 2학년생 입주 과외를 한 적이 있다. 380명 중

✢ ✢ ✢ ✢ ✢ ✢ ✢ ✢ ✢ ✢ ✢ ✢ ✢ ✢ ✢ ✢

삼청교육대. 1980년 사회 정화 정책의 일환으로 군부대 내에 설치한 불법 기관. 6만여 명 불법 체포, 현장 사망자 52명, 후유증에 의한 사망자 397명, 정신 장애 등 상해자 2678명 발생.

376등 하던 학생. 인터뷰를 해보니 공부하는 방법에 문제가 있었다. 매달 20등씩 올라갔다. 부모로부터 칙사 대접 받는다. 결국 경기고등학교 진학시킨다. 그 학생의 아버님이 당시 서울지법 부장판사였다. 이름을 대면 알 만한 대쪽 판사.

판사직을 그만두고 변호사로 개업한 아버님을 찾아갔다. 변호사님 이거 참 고약한 일이 생겨서. 정식 재판 청구. 1심 재판. 형사 법정으로 오전 10시 출두. 거의 아수라장. 사람 사는 모습이 적나라하게 펼쳐진다. 3학년 1반의 판사는 근엄하게 묻는다. 피고 4000번 김원. 예. 왜 정식 재판 청구했나? 아, 그러니까 건축가라고 하는 것은 꿈을 담는 그릇을 디자인하는 사람으로 어쩌고저쩌고. 알았어. 원 시끄러워서. 징역 6개월. 땅땅. 다음.

일주일 후 판결문이 왔다. 뉘우치는 기색이 없고. 판사를 가르치려 한다. 죄질이 나쁘다. 고로 6개월. 조금 더 아트 어쩌고저쩌고 했으면 법정 구속될 뻔했다. 변호사 열 받았다. 아니 벌금 50만 원에서 벌금 30만 원도 아니고. 6개월이라고라.

대법원에 탄원서를 냈다. 법 정신으로 봐서 피고인이 억울하다고 호소하는 경우 더 높은 형량은 부당하다. 실력 없는 판사다. 아마 바빠서 사건 내용을 읽어보지도 않은 모양이다. 1심 판사는 지방으로 이사 갔다. 이런 걸 유배라고 한다.

2심 재판이 열렸다. 이번에는 다행히 5학년 판사다. 연륜이 좀 있어 다행이다. 피고 4000번 김원. 예. 니가 진짜 죄가 없다고 생각하나? 예.

그럼 그 유명한 건축가인 김중업이나 김수근을 증인으로 데려올 수 있겠니? 아, 그럼요. 안 오신다고 하면 어쩌지.

김수근 선생한테 달려갔다. 선생님 좀 난처한 일이 생겨서. 아, 가야지. 김중업 선생을 점심에 초대했다. 증인으로 좀. 아, 가야지. 옛날에 르 코르뷔지에도 같은 혐의로 법정에 선 적이 있어. 김수근 선생이 먼저 증인으로 출두했다. 법정이 좀 소란스럽죠. 한두 시간 지연될 텐데. 야, 재밌다. 저기 저 자식 말이야, 거짓말하는 게 다 보이는데. 오히려 위로해준다.

"증인이 그 유명한 건축가 김수근입니까?"

"그런디유."

"김원이 건축사법 4조 위반했다는데 어떻게 생각해요?"

"아, 그러니까 건축이 예술이고 어쩌고저쩌고."

"증인이 그 유명한 건축가 김중업입니까?"

"그런디유."

"김원이 증이 없다는데…."

김중업 선생 특유의 장광설이 이어진다.

"에, 그러니까 설라무네 꼬르도 무죄 판결을 받았고. 어쩌고저쩌고."

세계 건축사를 강의한다.

"알았어요."

판사로부터 두 번의 제지를 받는다.

그래도 이어진다.

✦ ✦

김수근 작품 국립진주박물관(1984년). 한옥의 기와지붕을 현대적으로 해석한 탁월한 작품이다. 진주성 안에 있다. 1998년 임진왜란 전문 역사박물관으로 재개관.

무죄.

검찰은 무조건 상고. 대법원 합의부로 넘어간다. 피고 출두 없이 법률 검토 작업만 한다. 건축사협회로부터 탄원서가 제출된다. 건축사 3000명의 도장이 찍힌. 김원은 중도 없이 건축 행위를 일산은 파렴치범으로서 엄벌에 처함이 마땅하다고 사료되오니…. 그러나 무죄 확정. 꼬박 2년 걸린다.

1976년 마산 상남성당 신자가 넘친다. 그럼 분가다. 신자수가 4000명이 넘어서면 무조건 집 나가야 된다. 그래 잘린 650명은 눈물을 머금고 양덕동 황무지로 쫓겨났다. 두고 보자.

1975년 오스트리아 출신의 조제프 플라츠가 초대 주임신부로 부임. 성당이 천막이다. 안면이 있는 장익 신부에게 전화.

      "대한민국 최고의 건축가가 누구죠?"

      "김수근인디유."

플라츠 신부는 서울행 기차에 몸을 실었다.

      "김수근 선상님, 성당 하나 만들어주서유."

      "요구 조건은?"

      "전 고딕 형태는 싫걸랑요. 왜 꼭 성당이 하늘을 찌릅니까. 대한민국에 없는 형태로 해주서유. '화해와 축제의 인간 공동체를 위한 공간'을 만들어주면 더 좋고요."

      "그러죠, 머."

플라츠 신부는 서울을 29차례 왕복하면서 김수근과 토론. 현장에 도

✢ ✢

착하니. 바글바글. 어지러운 동네다. 대지는 약 1750제곱미터(530평).
"애들아, 너네 통도사 가봤지?"
"예."

"일주문까지 가는 길이 냇가를 따라 휘어지는 거 봤지?"
"예."

✝ ✝

통도사. 부처님의 진신사리를 봉안한 통도사는 팔만대장경을 간직한 해인사와 16명의 국사를 배출한 송광사와 함께 삼보사찰이다. 진신사리를 안치하고 있어 불상을 모시지 않는 대웅전은 국보 제290호.

"그거부터 만들어라. 글구, 대지가 너무 좁으니까 제단 좀 들고."

공사비 산출. 1억 7000만 원이 나왔다. 당시 비슷한 규모의 성당 3채는 지을 수 있는 비용. 플라츠 신부는 본당인 오스트리아의 그라츠교구에 전화.

"1억만."

"너, 또 사고 쳤구나?"

"예."

"마지막이다. 그거 끝나면 즉시 귀국해 귀양 갈 것."

대문을 들어선 신자들은 우선 우측의 램프를 통해 25미터 걸어 올라가야 된다. 주님에 대한 예를 갖춰라. 여기는 골고다 언덕으로 가는 길. 도대체 삶이 무엇이고 죽음이 무엇인지. 반성해라. 뭐 이런 거다. 램프가 급격하게 꺾어지면서 전면에 나무 십자가다. 반성 다 했냐? 예. 그럼 거대한 성채 사이 찢어진 문으로 비로소 들어가면 깜깜한 성당이다. 이곳은 땅속에서 솟아오른 수정이란다. 반짝이는. 노출 콘크리트의 차가움. 여긴 카타콤이다. 좌우로 거대한 발코니가 네 개 매달리며 주님을 노래한다. 그래도 까불래. 6각형의 수정체들이 겹쳐지면서 사이사이 스테인드글라스를 두어 찬란한 빛을 끌어들이고. 김수근 왈.

"종교의 유형이나 교파의 차이를 불문하고 신자는 그들의 신이 유일하기를 바라며 그들의 공동체가 명확한 아이덴티티를 공유하기를 원할 것이다. 그것은 종교가 지닌 보편타당한 속성일지도

✝ ✝

모른다. 기능 구성에서 비롯된 표현은 어디에나 있을 수 있는 형태가 아니라 이 지역, 이 시점에서 출발하여 응고되는 결코 다른 것과 같을 수 없는 그런 것이 되어야 할 것이다."

"선상님, 외벽에는 뭘 붙일까요?"

"적벽돌. 아, 글구 반으로 잘라 붙여라. 투박하고 인간적인 재료."

"선상님, 큰일 났습니다. 신부님 주무실 사제관을 빼먹었네요."

"머라고라. 뒷마당에 만들고 브리지로 연결해라. 신부님 모르게."

"예."

1978년 축성일. 신자들은 다 돌아버렸다. 아니 이런 성당도 있나. 만날 고딕 성당만 보다가. 교구장 장병화 주교 왈. 주교좌성당 옮겨라. 당시 주교좌성당이었던 남성동성당 쪽박.

김수근 선상님, 감사합니다. 그래 양덕동은 건축인들의 성지가 된다. 연이어 경동교회, 불광동성당을 완공하면서 김수근은 신화가 되고.

"선상님, 양덕성당에서 전화 왔습니다. 미사를 볼 수가 없다는디유."

"왜?"

"워낙 순례객이 몰려들어서."

"좀 참으라 그래. 입장료 받으라 그럴까. 그럼 대박인디. 야. 오늘은 고생했으니까 전부 을지로입구에 있는 요정에 가 술 실컷 먹어라. 아가씨들 예쁘더라."

월급은 적지만 술은 잘 사주신다. 요정에서 진탕 술 먹고 있는디 김수근 선생이 오셨다. 저쪽에 혼자 앉으신다. 파이프 담배를 한 모금

† †

경동교회(1981년) 김수근 작품. "외부의 소음을 차단하는 설계, 정면 22피트의 십자가 위에 비치는 자연광선, 단 하나의 스테인드글라스, 전체 벽의 투박한 시멘트 질감 위에 새겨진 못 자국들. 4, 5세기 로마 시대의 교회 구조를 도입한 것이라 그런지 모든 면에서 경탄스러웠다." 강원룡 왈.

† 192

피우시더니 10분 만에 가신다.

"잘들 놀다 와라."

선생은 애들하고 안 어울린다. 카리스마. 애들하고 술 먹다 흔들리면 어떡하냐. 선생의 옷은 항상 특이하다. 좌우측 무늬가 항상 다른 거다. 수공예 옷. 이 세상에 단 하나밖에 없는 옷만 입고 다니신다. 안경도. 머플러도 마찬가지. 그러니 아가씨들이 선생만 보면 뿅 가는 거다.

현대그룹의 '왕회장'이 휘문고등학교 교정을 비롯한 공간사옥 주변 땅을 모두 장악하려고 전화를 했다.

"야, 공간사옥 팔아라. 얼마냐. 1억이면 되냐?"

당시 내 대학교 등록금이 30만 원이었으니까 비교해보시길.

"아니, 10억."

"좋다. 사겠다."

김수근 왈.

"단 조건이 있다. 절대로 부수지 말 것. 문화적 목적으로 사용할 것. 글구 고칠 때는 내 허락 받을 것."

왕회장 왈.

"돌았냐?"

조선일보가 대한민국 정부 수립 50주년을 맞아 한국 현대 건축 20선을 선정했다. 김수근 작품만 다섯 개 올랐다. 그의 위상을 아시겠죠.

1위 공간사옥

5위 올림픽 주경기장

✚ ✚

김수근의 작품 '공간' 사옥. 1975년 완공된 이 공간사옥은 대한민국 역사상 최고의 명품이다. 일요일 날 일반에게 개방하니 가보시길. 서울시 종로구 원서동 219번지.

9위 마산 양덕성당

12위 경동교회

18위 자유센터

2007년 '대통령자문 건설기술건축문화선진화위원회'는 5월의 작품으로 양덕성당을 선정·발표한다. 세월이 흘러도 인기다. 선정 이유 들어보자.

"5월의 건축환경문화로 '마산 양덕성당'이 선정된 것은 이 건축물이 규모가 크지는 않지만 독특한 재료의 구사와 비범한 조형이 뿜어내는 강력함이 있고, 교회 건축이 이 땅에서 어떻게 정착되어야 하는가에 대한 건축가의 진지한 고민과 노력이 담긴 건축물로 높이 평가되었기 때문임."

1986년 방철린은 선상과 신촌의 누룽지탕 잘하는 중국식 식당에 마주 앉았다.

"야. 나 죽을 뻔했다."

"왜유?"

"암이 들어왔는디 며칠 전 다 몰아냈어. 큰일 날 뻔했어. 그놈들 참."
얼마 후 전화가 왔다. 선생이 다시 서울대병원에 입원하셨단다. 큰일 났군. 이제 55세인 우리 시대의 영웅 김수근은 가방 하나 달랑 메고 소쇄원으로 내려간다. 떠날 준비를 하는 거다. 천주교에 몸을 의탁하고 영원의 길을 떠나신다.

"이럴 수 있습니까. 하느님. 억울합니다."

✝ ✝

소쇄원. 소쇄瀟灑. 마음과 기운을 맑고 깨끗하게 한다. 1536년 양산보가 건립. "어느 언덕이나 골짜기를 막론하고 나의 발길이 미치지 않은 곳이 없으니 이 동산을 남에게 팔거나 양도하지 말고 어리석은 후손에게 물려주지 말 것이며, 후손 어느 한 사람의 소유가 되지 않도록 하라."

김수근 소천.

서울대학병원이 마비됐다. 전 세계에서 조문객이 밀려든 거다. 교통 경찰까지 나서 통제해보지만 원남동 완전 마비. 조의금 2억이 들어왔다. 지금으로 말하면 수십 억이 들어온 거다. 그래 이걸로 김수근 문화상을 제정하게 된다. 후학들도 돈을 보태고. 선현 왈.

"뒤에 남겨진 사람의 가슴속에 내가 살아 있을 수 있다면 나는 결코 세상을 떠난 것이 아니다."

경남 마산시 양덕2동 72-7.

요골 공소

자신의 잘못을
하루에 세 번
반성한다면 능히
자신의 일을
도모할 수 있나니

고려 475년간은 부처님의 나라.

조선 519년간은 공자님의 나라.

그럼 대한민국은.

불교, 기독교, 천주교, 원불교, 유교, 천도교, 민족 종교 등 7대 종교의 나라다.

신자 수 순이다.

"아빠, 유교가 먼 뜻이지?"

"선비의 학문."

"근데 왜 유교가 종교로 분류되는 거야?"

"청와대에 가서 밥 먹어야 되걸랑."

역대 대통령의 종교 보자.

이승만. 기독교.

윤보선. 기독교.

박정희. 불교에 가깝고.

전두환. 불교.

노태우. 불교.

김영삼. 기독교.

김대중. 천주교.

노무현. 천주교.

이명박. 기독교.

원불교 좀 소개할까유? 공부해서 남 주남유. 우리 시대의 건축가 김

✚ ✚

원불교. 1916년 전남 영광에서 소태산 박중빈(1891년~1943년)이 창건. 석가모니가 정신적 스승. 우주는 0이다. 불생불멸不生不滅, 원래 생겨난 것도 없고 없어진 것도 없다. 인과응보因果應報. 아빠가 죄를 지으면 자녀가 죗값을 치러야 한다. 이게 원불교 헌법. 시주, 동냥 폐지하고 생활 불교 표방. 직접 노동해서 먹을 걸 구한다. 원불교는 남녀평등. 남자도 밥을 하고 여성도 지게를 진다. 전 세계 18개 교구장 중 남성은 7명, 여성은 11명.

인철에게 물었다.

"원불교가 뭐예유?"

"절에서 나온 기독교. 내용은 불교고 형식은 기독교."

"전국의 원불교 신자는 몇 명이에유?"

"100만 명."

원불교의 산 증인 박청수 교무에게 물었다.

"선상님, 원불교 교무는 월급이 얼만감유."

"16만 원."

"제 딸 용돈이랑 같네유. 나 원 참. 전체 교무 수는 몇 명인감유?"

"3000명."

"남녀 비율은?"

"반 반."

"그럼, 남자 교무는 결혼해도 되남유?"

"응."

"그럼, 16만 원 갖고 우찌 살아유?"

"결혼한 교무는 90만 원 줌."

"여자 교무는 결혼하면 안 되남유?"

"응."

"왜요?"

"정녀라서. 수녀님과 같아."

"아빠, 정녀貞女가 뭐야!"

김인철(1947년~) 홍익대 건축과 졸. 아르키움 대표. 현재 중앙대 건축과 교수. 올해 서울시 건축상 대상 수상작인 강남구 논현동의 '어번 하이브Urban Hive'의 설계자로 유명. 백색 콘크리트 외벽에 지름 105센티미터의 둥그런 창이 수없이 뚫려, 이름 그대로 도심 속 벌통. 원형 창은 몇 개일까요? 빵빵이 빌딩 모르시는 분 없죠.

"숫처녀."

세종로성당 미사에 참석했다.

"아빠, 미사가 머야?"

"모임."

나는 전국구다. 울적할 때면 성당, 교회, 절 다 찾는다. 천국행 티켓 보험 드느라. 5학년 신부님의 강론이 인상적이다. 당시 한창 대중이 형 아들들 문제로 시끄러울 때였다. 우리 중 누구도 그 자리에 가면

✛ ✛

그럴 수 있다. 함부로 돌 던지지 마라. 강론이 재미있어서 다음 주에 또 갔다. 어째 분위기가 이상하다.

오늘이 주임신부님 마지막 강론. 제단에 오른 총회장은 오늘부로 신부님은 시골 노원성당으로 귀양 가신다고 웃긴다. 지금이야 세종로가 매출액 전국 꼴찌지만 강남 뜨기 전만 해도 대한민국 수도의 중심이었으니. 보좌신부도 같이 떠난다.

주임신부가 제단에 올랐다. 말을 안 한다. 저번 주에 원고도 없이 좌중을 압도하던. 우찌 된 일인가. 어깨가 흔들리더니 손수건을 꺼낸다. 흐느낀다. 주교님한테 찍혔나. 횡령하다 걸렸나. 귀양 가서 그러나. 신자들 다 운다. 분위기가 어째.

"아빠, 신부님도 울어?"
"그럼, 사람인데."

아니 신부님이 울면 신자들은 우찌하란 말인가.
아니 아버지가 울면 자녀들은 우찌하란 말인가.
평생 가톨릭대에서 학생들하고 놀다 5년 전 세종로성당에 처음 발령 받아 나왔다. 아카데미와 현실은 다르다. 아무리 종교지만 부대낀다. 젊은 자녀들 다 강남으로 이사 가고 남은 북촌 원로들이 새파랗게 어린 초보 신부의 말을 들어줄 리 만무하고. 건건이 반대다. 어르신네들 이것 좀 해보려고 하는디유. 안 되는디유. 저것 좀. 아, 글쎄 안 된다니까요. 5000명 설득하는 데 꼬박 5년 걸린다.

이제 점령. 음, 이제 말아먹어야지. 어떻게 잡은 정권인디. 명동성당

✝ ✝

에서 들어오란다.

"야!"

"예."

"신자들한테 정들이지 말라고 했지?"

✝ ✝

"아, 그러니깐 그게."
"근데 왜 친하게 지내? 노원구로 가라."
"예! 혹시 잘못 호출하신 거 아닌가요. 저 정권 잡은 지 3일밖에 안 되었는디유."

이번에는 신도시다. 새파란 젊은이들과 또 싸워야 된다. 그래 흐느낀다. 정들자 이별. 숙명이다. 신자들이 제단 앞으로 나와 흰 봉투를 전한다. 노원구 가서 젊은이들 소주 사주면서 꼬이라고 주는 전투 자금.

"아빠, 장난이 아니군."
"글쎄 말이다."

예수님은 12제자에게 옥새를 위임하면서 이렇게 말씀하셨다.
"너희가 죄를 사해하면 사해된다."
12제자는 옥새를 다시 교황에게 위임. 교황은 교구 주교에게, 주교는 본당신부에게 일부 위임한다.
기독교는 목사 따라 다니지만 천주교는 지역구 중심. 그래 신부는 항상 이삿짐 꾸릴 준비해야 된다. 서초동에서 아무리 형을 언도해도 신부님에게 빌면 무조건 무죄다. 그만큼 힘이 세다. 그래 서초동은 명동과 앙숙이고.
1998년 대중이 형이 청와대에 입주한다. 천주교 신자다. 천주교 신자는 주민등록증 옮기면 그 지역의 성당으로 자동 전입신고되고. 청와대는 세종로성당 관할.
전례가 없다. 우찌할 것인가. 청와대 경호실에서 전화가 왔다. 당시

✝ ✝

총회장은 건축가 김원.

"성당 앞에 검색대를 설치하려고 하는디."

"없는 게 나을걸요."

대통령이 경호실장을 불렀다.

"야, 너네들 주님의 집 앞에서 설치지 마. 알긋나?"

"예."

폭탄 찾아야 되는디. 하수구도 다 뒤져야 되고. 경호실 발칵 뒤집어진다. 신자들 들어서는데 그 흔한 몸수색도 못한다. 주민등록증 조사도 못하고. 수백 명의 경호원들은 성당 근처에 숨어서 대통령의 안전을 기도하는 수밖에는 방법이 없다.

주님 미사가 무사히 끝나게 해주십시오.

사고 나면 우리 모두 깜방 가야 됩니다.

월급 받고 일 안 해보기는 경호실 역사상 처음.

대중이 형이 들어섰다. 선글라스 요원은 1명뿐. 세 번 만에 성당 방문 중단. 금요일 오전 청와대로 신부님과 수녀님이 들어간다. 영 불안해서. 매달 비서가 찾아와 흰 봉투를 전달한다. 텔레뱅킹 시대지만 최소한의 예우를 갖춘다. 부활절이나 크리스마스 같은 행사 때마다 봉투 일곱 개를 들고 온다. 봉투에는 친필로 대통령 김대중이라고 쓴다. 신부님을 비롯한 관리인들에게 주는 금일봉.

신부님 100만 원, 청소부 30만 원 들어 있다. 이런 얘기 해도 되나.

1년에 명동성당에 납부해야 하는 교구 분담금은 1억이다. 압구정동

✢ ✢

김대중(1924년~2009년). 본관 김해. 전남 신안군 하의면 후광리 생. 그래 그의 호는 후광後廣. 1957년 세례를 받았다. 대부는 장면 박사. 후광 왈. "의롭게 살아온 사람들이 죄 없이 세상을 뜨고 여러 가지 수난을 받는다. 노 전 대통령이 고초를 겪을 때 500만 문상객의 10분의 1이라도 나서서 '전직 대통령을 모욕 주고 이렇게 수사하면 안 된다'고 서명했다면 노 전 대통령이 죽지 않았을 것이다. 피맺힌 심정으로 말하는데, 행동하지 않는 양심은 악의 편이다." 아셨죠?

은 10억이고. 가난한 세종로성당은 좀 싸다. 교구 분담금 납부하고 남은 돈으로 성당 살림. 천주교 신자가 대통령이 되는 대한민국 초유의 사태로 살림 좀 편다.

충청남도 공주시 유구읍 명곡리 195에 있는 요골공소를 찾았다.

"아빠, 왜 마을 이름이 요골이야?"

"원래는 아름다운 골짜기란 뜻의 묘골인데 묘지와 발음이 비슷해서 요골로 바뀐 거야."

1866년 병인박해 이후 박해를 피해 이 오지로 하나둘씩 모여든다. 지금도 휴대폰이 불통일 정도의 두메산골.

"아빠, 근데 오지娛地가 머야? 많이 들었는데."

"해안이나 도시에서 멀리 떨어진 대륙 내부의 땅."

1881년 충청도 총사령관에 등극한 두세 신부가 1883년 충청도 최초로 설립한 공소.

"아빠, 왜 충청도에 성지가 많은 거야?"

"충청도가 중국에서 가까워서 그래."

택리지 왈.

<u>남쪽의 반은 차령 남쪽에 위치하여 전라도와 가깝고, 반은 차령 북편에 있어 경기도와 이웃이다. 물산은 영남·호남에 미치지 못하나 산천이 평평하고 예쁘며, 서울 남쪽에 가까운 위치여서 사대부들이 모여 사는 곳이 되었다. 그리고 여러 대를 서울에 사는 집으로서 이 도에다 전답과 주택을 마련하여 생활의 근본 되는 곳으로 만들지 않</u>

은 집이 없다. 또 서울과 가까워서 풍속에 심한 차이가 없으므로 터를 고르면 가장 살 만하고, 그중에서도 내포內浦가 제일 좋은 곳이다. 가야산 앞뒤에 있는 열 고을을 함께 내포라 한다.

지세가 한 모퉁이에 멀리 떨어져 있고, 또 큰 길목이 아니므로 임진왜란과 병자년 두 차례의 난리에도 여기에는 적군이 들어오지 않았다. 땅이 기름지고 평평하다. 또 생선과 소금이 매우 흔하므로 부자가 많고 여러 대를 이어 사는 사대부 집이 많다.

1897년 공주본당이 설립된 후, 초대 신부로 임명된 기낭 신부의 사제관으로 임시 사용.

1938년 제5대 전교회장인 김덕기가 현재의 공소 건물 완공.

요골공소는 1947년 사제로 서품된 구전회 신부를 시작으로 9명의 신부와 10명의 수도자 배출.

"아빠, 이 동네 썰렁하네. 지금 이 공소 신자 몇 명이야?"
"50명."

대한민국에서 몇 손가락 안에 꼽히는 아름다운 공소. 난 이런 건축가 없는 건축이 좋다.

텔레콤 사장님. 부탁드릴게유. 여기 휴대폰 좀 터지게 해주서유. 역사적인 공소걸랑요.

주의 사항. 안전을 위해 잠겨 있지만 이웃집 아무 아저씨한테나 열어달라고 하면 열어줍니다. 몇 분 안 사시는 동네라.

"아빠, 김대중 대통령 떠나셨대."

✚ ✚

공주본당(공주 중동 성당). 공주시 중동 31-2. 충남기념물 제142호. 성당 설립 당시에는 공주읍에 전혀 근거지가 없었기에 기낭 신부는 임시로 유구의 요골공소에 거처하면서 현재의 부지 매입. 사목 관할 구역은 지금의 공주시·천안시·부여군·논산군·서천군, 충청북도 남쪽 지역 등으로 아주 넓었다. 이 성당은 1937년 완공.

"머라."

주님 부탁드립니다. 나쁜 놈들 좀 먼저.

자세한 내용은 홈페이지 참조하세유.

http://church.catholic.or.kr/yogol/

증자 왈.

"자신의 잘못을 하루에 세 번 반성한다면 능히 자신의 일을 도모할 수 있다."

✝ ✝

ⓒ 손장원

용소막 성당

가서 하늘의 명을 전하라

✞ ✞ ✞ ✞ ✞ ✞

젊은 아가씨에게서 애절한 멜이 와 공개한다. 남 일이 아니라.

추석 때 고향에 내려가니 아버지께서 선물이라며 제 책상에 꾸러미를 올려놓으셨더라고요.
펼쳐보니 바로《딸과 함께 떠나는 건축여행》이었습니다.
제목을 보는 순간, 죄송한 마음이 밀려왔어요!
아버지의 바람이 아닌가 싶어 말입니다.
컴퓨터가 없는 고향집에서 밤의 어색함을 달래며 한 장 한 장 읽어내려갔습니다.
88만 원 세대를 살아가는 저는 그간 결정내리지 못했던 수많은 고민들을 그 책에서 대면했으니.
불만스러웠던 수많은 불신과 불안들, 의지하고 싶은 수많은 꿈과 희망들을 명쾌하게 말씀해주시더라고요!
저는 순식간에 마음을 정하고 다음 날 바로 88만 원 세대에서 33만 원 세대로의 역행을 저질렀습니다!
네 개나 되던 알바를 반 뚝 잘라 두 개 접었습니다!
불편한 마음을 안겨주는 일은 인내의 가치가 무색합니다.
한동안은 살 만하겠죠.
그래도 제 꿈을 향해 불편한 일을 하진 않아도 되니 한동안은 무진장 행복할 것 같습니다.
제 예상이자 바람입니다.

✝ ✝

딸이 전시회를 한다니 저도 기쁩니다.
저는 우리나라에서 미술 교육을 받은 사람입니다.
그래도 대충 받았는지 다른 친구들이 받은 교육이 의심스럽기 시작
하다 이제는 불신에 증오도 가끔 활활 타오릅니다.
그 반열에는 끼지 말아야겠구나. 아!
이용재 선생님 표현대로 센 사람이 되어야지요!
뭔지 모르게 전 책을 읽으며 어떤 인연을 느꼈습니다.

✝ ✝

풍수원성당. 횡성군 서원면 유현리 1097. 1909년 준공. 한국인 정규하 신부가 지은 최초의 성당. 강원도유형문화재 제69호. 2003년 MBC 미니시리즈 〈러브레터〉 촬영지로 유명세 탐.

사실 책 읽으면서 여전히 딸과 건축 여행 다니는 거면 가끔 끼워달라고 해야지 혼자 생각했었어요.
전문가 솜씨는 못 되지만 사진도 찍어드리고.
저도 욕심 안 부리고 정진하도록 하겠습니다!
그럼 안녕, 빠이빠이.

88만 원이면 내가 월 버는 인세랑 같네유. 힘내세유. 나도 88.
르 메르(1858년~1928년) 한국명은 이유사. 프랑스 플로트 망빌 생. 1884년 파리 외방전교회 입회. 1886년 사제 서품. 같은 해에 한국 선교사로 임명되고 12월 1일 프랑스를 출발해 이듬해 2월 13일 한국 도착.
"아빠, 나 파리 가는 데 12시간 안 걸리던데. 70일 넘게 걸린 거야?"
"응."
"그 고생을 하면서 왜 오는 거야? 집 나가면 개고생이라던데."
"…"
함경도 안변성당의 초대 주임신부로 부임. 1888년 강원도 풍수원성당 창설. 1896년 원주 원동성당 창설. 1898년 평양성당 창설.
"아빠, 지금 강원도 천주교 신자가 얼마나 되지?"
"6만 명."
"르 메르 신부님 묘소 좀 찾아들 뵈야 되겠군."
"응."

✝ ✝

정식 명칭 원주 원동 주교좌성당. 강원도 원주시 원동 85-3. 1913년 건립. 한국동란 때 전소. 1954년 중건. 등록문화재 제139호.

1922년 1년 동안 프랑스로 휴가를 다녀온 후 1923년 수원 본당으로 전임. 1928년 서울 주교관으로 거처를 옮겨 심장병을 치료하던 중 사망. 용산 성직자 묘지에 안장.

1898년 르 메르 신부는 최석완을 불렀다.

"자네 올해 몇인고?"

"50인디유."

"그럼 지천명이군."

"그게 먼감유?"

"참쑥 겉면의 흰털같이 머리털이 하얗게 세는 50의 나이면 천명을 알게 되는 지천명知天命이 되는 거야. 마흔인 불혹에는 주관적인 세계관으로 미혹되지 않았지만, 50인 지천명이 되면 우주 만물을 다스리는 하늘의 뜻에 따라 객관적이고 보편적인 가치를 기준으로 최선의 원리에 순응해 무슨 일을 하게 되걸랑. 가서 하늘의 명을 전해라."

"어디로 가남유?"

"깡촌 찾아봐."

당나귀 타고 원주시 신림면 용암리 도착. 초가집에 공소를 차렸다. 풍수원성당에 못지않은 성당을 설립하리라. 날 쫓아내. 부글부글. 원주, 영월, 평창, 제천, 단양을 당나귀 타고 다니면서 홍보물을 뿌렸다.

"공소에 나오시는 분에겐 무료 쌀밥 제공. 미팅도 가능. 처녀, 총각 대환영."

순식간에 800명이 모였다. 강냉이로 버티던 시절이라. 뮈텔 주교에게 전화. 저희 본당으로 승격시켜주서유. 1904년 프와요 신부 도착. 초가집에서 버틴다.

"야, 여기 샤워기 없냐?"

"그게 먼디유."

"됐다. 주님, 빨랑 대타를."

1910년 제2대 기요 신부 도착. 프와요 신부 뒤도 안 돌아보고 도망.

"신부님 큰일 났습니다."

"머야?"

"정규하 신부가 풍수원성당을 후딱 지어버렸다네요."

"머라. 가보자."

음. 고딕이군. 자존심이 있지. 평면, 입면 대충 스케치. 용소막으로

✢ ✢

복귀. 대책회의가 열렸다.

"낼부터 벽돌 찍는다. 불만 있는 사람?"

"없어유."

1914년 전화가 왔다. 제1차 세계대전 발발. 귀국해서 군종으로 복무할 것. 감사하나이다. 모기한테 헌혈하느라 몸이 성한 데가 없는 거다. 다시는 오나 봐라.

제3대 시잘레 신부 도착. 서울에서 중국인 조적공들을 데려왔다.

1915년 축성식. 이미 신자는 2000명.

용소막성당은 1913년 이 마을에서 태어난 선종완 신부와 역사를 같이한다.

선종완은 이 동네에서 손꼽히는 천석꾼의 3대 독자.

1929년 봉산초등학교 마치고 서울로 유학. 라틴 어, 프랑스 어, 히브리 어, 그리스 어, 이탈리아 어 등 9개 국어에 능통. 1942년 사제 서품. 도쿄, 로마, 이스라엘 유학. 1952년 귀국. 성신대학 성서학 교수.

1958년 선산을 팔아 소래에 공부방 마련. 성서 번역에 나선다. 1960년 시흥시 신천동에 꿈에 그리던 성모영보수녀회 창설. '기도와 노동'이 모토.

"아빠, 성모영보聖母領報가 머야?"

"대천사 가브리엘이 성모마리아에게 찾아와 성령에 의해 처녀의 몸으로 예수 그리스도를 잉태할 것이라고 고하고, 또 마리아가 그것에 순응하고 받아들인 사건."

✝ ✝

이제 성모영보수녀회는 농사짓고 닭 치는 수녀회로 이름을 날린다.

"가난하고 공부하지 못한 사람은 수녀가 되고 싶어도 될 수 없으나 우리 수도회에서는 주님 말씀 알아듣고 실천하면 수녀가 될 수 있다."

그래 지금도 학력 제한이 없는 유일한 수녀원.

"아빠, 신자들을 인도하려면 조금 학식이 있어야 하지 않을까?"

"그냥 몸으로 사랑을 실천하면 충분하걸랑."

"그럼 무학도 수녀 할 수 있어?"

"응. 닭만 잘 키우면 돼."

1967년 지금의 과천시로 이전.

평생을 구약성서 번역에 힘쓰다 1974년 선종. 그의 유품은 이렇다. 침대 하나, 6모각 책상 하나, 낡은 수단. 수녀원 뒷산에 모셨다.

"아빠, 구약성서는 머고, 신약성서는 머야?"

"구약은 예수님 태어나기 이전, 신약은 예수님 태어난 이후."

1976년 학교 선생님인 최진아는 결핵으로 사회생활이 불가능해지자 파주시 광탄면 신산리 산자락에 초가를 짓고 혼자 생활하기 시작. 소문을 듣고 찾아오는 환자는 늘어나고, 명동성당에 전화. 도와주세유.

"성모영보수녀회는 수녀들을 파견하라, 오버."

"알겠습니다. 생활비는?"

"알아서 해라. 우리도 돈 없다."

이 시몬의 집 20명의 환자와 4명의 수녀는 닭 기르며 버틴다. 파주시

✝ ✝

명동성당. 서울 중구 명동2가 1-8. 고스트 신부의 설계로 1898년 완공된 대한민국 제3호 성당. 사적 제258호. 1895년 건립된 제2호 되재성당은 한국동란 때 소실. 복원 공사 추진 중.

청에서 편지가 왔다.

소방 시설 미비. 벌금 1000만 원 납부할 것.

"아빠, 이거 너무하는 거 아니야?"

"전화해라."

"몇 번 인데?"

"031 - 947 - 2319"

"아빠 책도 좀 보내라."

"응."

용소막성당을 찾으니 수녀님이 마당을 쓸고 있다. 물었다.

"어느 수녀회에서 나오셨남유?"

"과천 성모영보수녀회."

역시.

"우리나라에 수녀회는 전부 몇 개인 감유?"

"40여 개."

"전체 수녀님은 몇 분이나."

"7000여 명."

"모자는 왜 쓰남유?"

"머리카락에 신경 쓰지 말라고."

말 되네.

"몇 분이 나와 계시는지."

"3명."

✢ ✢

"휴대폰은?"

"공용 휴대폰 한 대 있음."

"성당에서 생활비는 나오남유?"

"안 나옴. 가난한 성당이라. 신자 200명 대부분이 독거노인."

"아까 보니까 순례객들이 헌금 많이 하던데."

"우리하곤 상관없음."

"거울은 보시는지?"

"초짜 땐 못 봄."

"화장은?"

"로션만."

"몇 시에 일어나시는지?"

"5시 기상, 10시 취침."

"수녀가 된 걸 후회하지 않는지?"

"안 함."

"수녀도 정년이 있는지?"

"없음."

"신부님 식사는 누가 챙기남유."

"여신자가 10시 출근해 점심, 저녁 챙겨드리고 6시 퇴근함."

강원도 지방유형문화재 제106호.

국민 여러분, 지금 대한민국의 명품 용소막성당은 '용소막메주'를 팔아 버티고 있습니다. 좀 도와주십시오.

✝ ✝

2000년 용소막성당은 '사제 선종완 라우렌시오 유물관'을 건립해 전국적인 명소로 등극.

2008년 원주시는 강원감영, 상원사, 치악산 비로봉, 간현 관광지, 영원산성, 미륵산 미륵불상, 용소막 성당을 원주 8경으로 지정. 강원도 원주시 신림면 용암2리 719-2.

공자 왈.

지호락知好樂,

'아는 자(知者)는 좋아하는 자(好者)만 못하며, 좋아하는 자는 즐겨하는 자(樂者)만 못하다.'

하루 한 구절씩만이라도. 머 그리들 급한지.

✝ ✝

죽
림
동   성
       당

바닷물을 구경한
사람에게 강을
가지고 말하지
마라

✝ ✝ ✝ ✝ ✝ ✝ ✝

내비게이션에 쳤다. 죽림동성당. 어라, 안 뜨네. 그럼 주소로. 춘천시 죽림동 38번지. 280킬로미터. 대전 출발. 호법에서 영동고속도로 타고. 원주에서 중앙고속도로 올라탔다. 뻥 뚫렸군.

"아빠, 왜 이렇게 차가 없어?"

"그냥 심심해서 만든 거야."

"고속도로를 심심하면 만들어?"

"응. 우리나라는 토건민국이라 매년 1조씩 고속도로에 쏟아부어야 되걸랑."

"이거 어디 가는 도로야?"

"춘천에서 부산."

"춘천 인구가 몇 명이지?"

"26만."

"공장 많아?"

"없어."

"특별한 문화재가 있나?"

"아니."

"얼마 전 경춘 고속도로도 완공됐다는데."

"응. 춘천이 난리구나."

"한승수 국무총리 어디 출신이야?"

"춘천."

"알았어."

✢ ✢

춘천휴게소에 들렸다.
"막국수 주서유."
"없는디유."
"머라. 여기 춘천휴게소 맞아유?"
"예."
"아빠, 왜 춘천 막국수가 유명한 거야?"
"옛날에 먹을 게 없어서 메밀국수를 김칫국에다 마구 말아 먹었걸랑."

이벽(1754년~1786년). 본관 경주. 집에 묘한 책이 하나 있다.
"엄마 이 책 머야?"
"마테오 리치의 《천주실의》. 청나라에 인질로 간 소현세자를 모셨던 할아버지가 1645년 귀국할 때 갖고 오신 책이야."

1602년 베이징 발행.
"처음 보는 책인데. 먼 내용이야?"
"너 지금 나 약 올리냐. 내가 그거 알면 이러고 살고 있겠냐. 벌써 이혼했지."

서로 사랑하고 용서하고 베풀라. 머야 이거 다 맞는 말이잖아. 역관 김범우를 꼬였다. 야, 같이 가자. 그러지 머. 1785년 김범우의 집에 남인 선비 수십 명이 모여 이렇게 말했다. 아멘. 포졸들이 들이닥쳤다. 김범우만 잡아 간다. 왜냐면 나머지 선비들은 고관대작, 김범우만 중인이니까. 그제나 이제나.

✝ ✝

포졸들이 김범우에게 물었다.
    "야, 근디 도대체 아멘이 먼 말이냐."
    "말씀에 동감한다."
    "어라 멋있네. 나도 써먹어야지."
김범우 뒈지게 맞고 단장으로 유배. 다음 해 병사. 포고문이 붙었다. 천주교는 간사한 학문이다. 고로 금년부터 금지. 그럼 머 하냐. 각 포졸들은 집에 가서 마누라에게 자랑하기 시작한다.

✢ ✢

"너, 아멘이 먼 말인지 알아?"

"몰라유."

"이런 무식한 거 같으니라고. 넌 내가 말하면 무조건 아멘이라고 해, 알았어?"

"예."

"나는 우리 집안의 지존이다."

"아멘."

마누라는 자식들에게 전파하기 시작하고. 이렇게 종교는 문화는 사랑은 총칼로 막을 수 없는 법.

"아빠, 전경 차가 촛불 시위대를 완전 막아섰다는데."

"멍청한 것들. 냅둬라. 곧 무너질 거야."

조선의 권문세가 수장들이 다 모였다.

"야, 경주 이씨 너네 이벽 좀 말려라. 지금 왕실에서 우리 조지려고 눈이 시퍼렇걸랑."

"면목 없습니다."

경주 이씨 문중회의에 이벽의 부친 이부만이 불려 나왔다. 여기서 찍히면 멸문지화. 검찰보다 더 무서운 곳.

"너 아들 말릴래, 족보에서 빼버릴까."

"그럼 상놈이 되는 건감유."

"당연하지 인마."

아들을 불렀다.

✝ ✝

"너 죽을래."

"맘대로 하세유."

대들보에 밧줄을 걸었다.

"나 목매단다."

"그럼 안 나갈게유."

문중회의에 전화. 안 나간답니다. 직접 문중회의에 나와서 스스로 죄가 없음을 증명할 것. 아들이 병중이라. 문중회의 대표 파견. 확인 요. 이부만은 이벽을 별당에 가두고 못을 쳤다. 전염의 우려가 있어 아무도 들어갈 수 없음. 그냥 아들을 보내는 게 집안을 구하는 유일한 해결책.

이벽 단식 투쟁. 이런 걸 자의 반 타의 반이라고 한다. 15일 만에 간다. 유언은 이렇다. 《성교요지》 왈.

일꾼과 노동자, 가난한 이와 부자
좌우 모든 사람과 서로 친근하게 사귀며
간곡한 말씀을 진실되이 복종하면
양반이나 상놈, 모두 다 평등하게
하느님의 초대를 받으리로다.

"아빠, 《성교요지聖敎要旨》가 머야?"

"신·구약성서를 요약한 책."

"아빠, 사람 사는 세상은 종교나 사회나 이념이나 다 똑같은 거 같아."

✟ ✟

이벽의 묘. 천진암은 경기 광주시 퇴촌면 우산리에 있는 사찰터. 지금은 이벽, 권철신, 권일신 형제와 이승훈, 정약종의 묘소가 이장되어 성역개발사업 진행 중.

"응."

엄주언은 1872년 춘성군 동면 장학리 노루목에서 4형제 중 막내로 태어났다. 19세에 역시 《천주실의》를 읽었다.

"아빠, 천주실의天主實義가 먼 뜻이야?"
"하느님에 대한 참된 토론."

리치 왈.
이 세상에서 젤 높은 사람.
1위. 주님.
2위. 임금.
3위. 아버지.
충격. 공자의 나라 조선은 망해가고 있고. 좋다. 이벽을 따르겠다.
1893년 이벽의 묘가 있는 천진암으로 들어가 도 닦는다.
1896년 온 가족이 영세를 받았다.
귀향. 화전 일구며 전교에 나선다.
풍수원성당의 정규하 신부에게 전화.

"신부님 좀 도와주시죠?"
"그러지 머."

당나귀 타고 오신 정규하 신부로부터 하나둘씩 영세 받기 시작. 1920년 곰실공소 건립. 명동성당에 전화. 주임신부님 보내주서유. 김유용 신부 도착. 이제 새로운 성당 건립이 목표. 짚신 한 켤레에 5전씩 팔아 건립 기금 적립. 세월아 내월아다.

✝ ✝

콜룸반 외방선교회. 1916년 아일랜드의 갤빈 신부가 창설한 로마 가톨릭 선교 단체. 한국에는 1933년 상륙. 제주도와 전라도 포교. 복음이 전해지지 않은 오지를 찾아다니는 수도회. 현재 800여 명의 사제가 14개국에서 활동 중. 사진은 신제주성당.

죽림동 38번지 일대 땅 구입.

"아빠, 왜 이 동네 이름이 죽림이야?"

"대나무가 많아서."

1939년 콜롬반 외방선교회에 강원도를 넘겼다. 돈도 없고.

"아빠, 콜롬반은 머야?"

"아일랜드 출신의 콜롬바누스 성인. 거지 동네를 찾아 전문적으로 리모델링하는 게 취미야."

1949년 성당 건립 착공. 토머스 신부 왈.

"외장재는 뭘로 하지?"

"명동성당처럼 적벽돌로 하죠."

"돈 없다. 벽돌 공장도 없고."

"좋은 생각이 있습니다."

"먼데?"

"강가에 있는 돌 주워다 쌓죠, 머. 이가 없으면 잇몸으로."

1950년 한국동란.

토머스 신부를 비롯한 수백 명 평안남도 산골에 유배. 공사 중단.

1953년 토머스 신부 기적적으로 탈출. 다시 착공.

1955년 엄주언 83세로 간다.

1956년 죽림동성당 축성.

명동성당에서 가톨릭대학으로 전화가 왔다.

"장익 신부 바꿔줘유."

✝ ✝

콜롬바누스(540년~615년) 아일랜드 출신의 성인. 뱅고어의 성 콤갈학교에서 수도자 교육을 받았다. 590년 일명 거룩한 순례의 여정에 올라 유럽 전역 전교. 그가 세운 보비오수도원은 지금도 순례객들의 발길이 끊이지 않는다. 사진은 백지사지 성지.

"전디유."
"축하드립니다. 주교로 승진하셨습니다."
"머라."

32년 만에 정상에 선 거다.
강당으로 학생들을 불러 모았다.
"얘들아 내가 오늘 주교 됐단다. 꿈에 그리던."
한 학생이 물었다.
"주교님, 질문 있습니다."
"먼데?"
"부임지가 어디랍니까?"
"어라, 그걸 안 물어봤네."
명동성당에 전화.
"나 장 주교인데 부임지가 어디냐?"
"춘천인디유."
"머라. 찍혔군."
"머라고요?"
"아니야."

1994년 춘천 교구장으로 장익 주교님이 오셨다.
성당은 쓰러져가고. 비 안 새는 데가 없군.
장익. 1933년 서울 생. 경기고 졸. 미국 메리놀신학교 학사. 벨기에 루뱅대학교 석사. 1963년 오스트리아 인스브루크대학교에서 신학 박

✝ ✝

사. 사제 서품. 김수환 추기경이 물었다. 병아리 신부들이 하도 많아 서.

"자네 이름이 먼가?"
"장익입니다."
"어디서 많이 듣던 이름인데. 부친 존함이."
"장 자, 면 자입니다."
"머라. 그럼 니가 내 스승의 아들이란 말이냐?"
"그런디유."
"여동생은 머하냐?"
"수녀 하는디유."
"너 오늘부터 내 비서 해라."

✝ ✝

장면이 동성학교 교장으로 재직할 때 일제가 '조선 반도의 청소년 학도에게 보내는 천황의 칙유(勅諭: 친히 내리는 말씀)를 받은 황국신민으로서 그 소감을 쓰라'는 문제를 냈다.

김수환 학생 왈.

'나는 황국신민이 아님. 따라서 소감이 없음.'

장면 교장이 남들이 보는 데서 따귀를 한 대 때렸다. 일본 가서 공부 좀 더 해라. 자칫 감옥 갈 죄를 사해준 거다.

"아빠, 장면이 누구야?"

"제2공화국 초대 국무총리 지내신 분이야."

"근데 왜 내가 모르지."

"박통의 군사 쿠데타로 9개월 만에 잘렸걸랑."

1977년 서강대 교수.

1978년부터 교황청 종교평화평의회 자문위원으로 있으면서 교황 요한 바오로 2세에게 한국어 가르침.

1988년 평양 유일의 장충성당 완공. 장익 신부가 로마 교황청 대표 자격으로 평양 방문. 첫 미사 집전. 1990년 가톨릭대 교수. 1993년 주교 서품.

1996년 평신도회관 건립에 나선다.

회관 이름은 엄주언의 세례명인 말딩.

"아빠, 말딩이 누구야?"

"인종차별 철폐를 위해 헌신하신 페루 출신의 수도자 마르티노

✝ ✝

장면(1899년~1966년) 맨해튼 가톨릭대 졸업. 1948년 제헌국회의원 당선. 1949년 초대 주미 대사. 1956년 부통령 당선. 4·19혁명 후 제2공화국 국무총리. 1961년 5·16군사정변으로 9개월 만에 실각. 투옥. 장례는 국민장으로 거행.

성인."

"근데 왜 말딩이라고 불러."

"부르기 편하니까."

"마르티노, 말딩. 한국 사람들 정말 급하군."

"응."

설계자는 김원. 총공사비는 34억. 공사비 부족. 1, 2, 3층 임대. 1999년 축성식.

2005년 제1회 DMZ평화상 수상. 상금 1000만 원.

2009년 한림대 설립자인 일송 윤덕선 박사를 기념하는 '제4회 일송상' 수상자는 장익 주교다. 수상 이유는 이렇다.

"장익 주교는 북녘 동포 돕기 슈퍼 옥수수 개발 기금 지원, 연탄

김원이 설계한 말딩회관

40만 장 전달 등 꾸준히 대북 지원 사업을 전개해왔다."
"아빠, 상금은 얼마야?"
"3000만 원."
"좋겠다."
장익 주교는 춘천여고를 방문해 장학금 1억 원 전달. 특수학교인 춘천 명진학교와 강릉 오성학교에도 각각 5000만 원의 장학금 전달.
"머야, 그럼 장익 주교는 전달만 하네."
"응. 배우자. 만지다간 다친다. 구경만 할 것."
"난 돈 좋던데."
"머라."
"왜, 죽림동성당을 주교좌성당이라고 하는 거야?"
"주교님의 의자가 있걸랑."
"간단하군."
"응."
"우리나라에 교구장은 몇 명이야?"
"16명."
"주교는 정년 없어?"
"75세."
"그럼 금년이 장익 주교님…."
"맞아."
"은퇴하시면 머 해?"

✢ ✢

"봉사 활동."
"연금 나와?"
"아니."
"그럼 멀로 살아?"
"몰라."

춘천 시장님 아이디어 하나 드릴까요? 대한민국의 명품 죽림동성당을 춘천시의 관광 상품으로 적극 개발하는 겁니다. 주차장도 좀 늘리시고요. 천주교 신자 500만인 거 아시죠. 저 같은 인문학도들 마음의 고향이기도 하고요. 투자 좀 하시죠.

맹자 왈.

공자께서 노나라 동쪽에 있는 동산 꼭대기에 올라가셔서는 바로 노나라가 작은 나라인 것을 느끼셨고,

또 태산 꼭대기에 올라가셔서는 바로 천하가 작은 세계라는 것을 느끼셨다.

그러므로 바닷물을 구경한 사람에게 강이나 시냇물을 가지고 말할 수 없다.

"아빠, 맹자는 모르는 거 없어?"
"응."
"예수도?"
"응."

✢ ✢

지방리

공소

거짓말하지 마라

✝ ✝ ✝ ✝ ✝ ✝ ✝

대전가톨릭대학교 도착. 신부님과 마주 앉았다.

"학생 수는?"

"160명."

1학년 20명, 2학년 18명. 자꾸 준다.

"왜 자꾸 주남유?"

"중간에 나감. 각자 새로운 길을 찾아."

"등록금은 공짜지유?"

"당근. 중학교 때부터."

"생활비도 주남유?"

"당근."

"학교 대지 면적은?"

"16만 5000제곱미터(5만 평)."

1인당 점유 면적 9900제곱미터(3000평). 완전 낙원.

"전국에 가톨릭대학은 몇 개인감유?"

"서울, 수원, 인천, 대전, 대구, 부산, 광주 일곱 개."

"월급은 100만 원 안 되지유?"

"당근."

"모지라지유?"

"노코멘트."

"우리나라 교구는 몇 개인감유?"

"모름."

✛ ✛

대전가톨릭대학교. 충남 연기군 전의면 신방리 263-3. 1993년 개교. 현 교수신부는 민병섭 총장 외 12명. 참고로 1학년 교과목 볼까유. 영성, 구약, 신약, 철학, 논리학, 라틴 어, 영어, 심리학, 체육, 교회 음악. 졸업 어렵겠군. 사진은 문진호가 설계한 대전가톨릭대성당.

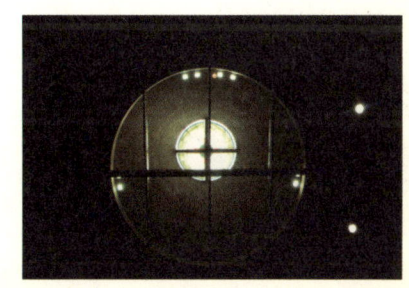

"그럼 우리나라 주교 수는?"

"모름."

영 관심이 없다. 나 원 참. 대전교구 말뚝. 소공화국.

"다른 교구로 이동할 수도 있남유?"

"불가."

"순환 기간은?"

"5년마다. 교구마다 다름."

"지금 5000번째 신부님이 나오셨죠? 현재 활동하는 신부님 수는?"

"모름."

"신부님 정년퇴직하면 우찌 살아가남유?"

"각자 해결."

"연금은?"

"없음."

"학생들 식사는 누가 준비하남유?"

"수녀 6명이."

머라. 수녀님이. 맛있겠다.

"예산이 부족하죠?"

"당근."

✝ ✝ ✝ ✝ ✝ ✝ ✝ ✝ ✝ ✝

"여기 오신 지는?"

"천안에서 얼마 전에 왔음."

"자기가 가고 싶은 곳에 갈 수 있남유?"

"안 됨. 주교 맘."

"기숙사는 독방인감유?"

"선임과 같이 씀."

도망갈까 봐.

"아빠, 신부님이 쓰는 빵모자 이름이 머야?"

"주케토."

"왜 쓰는 데?"

"뜨거운 햇빛 가리려고."

성직자의 위계에 따라 주케토의 색깔이 다르다. 교황은 흰색, 추기경은 진홍색, 주교는 자주색, 사제는 검은색.

"왜 교황만 흰색이야?"

"유일한 하느님의 대리자니까."

"그럼 진홍색은?"

"피를 흘려서라도 교회의 자유를 수호하겠음."

"검은색은?"

"세속의 자신은 죽었음."

"왜 여자 신부는 없는 거야?"

"예수님에게 물어볼 것. 나도 모름."

✢ ✢ ✢ ✢ ✢ ✢ ✢ ✢ ✢ ✢ ✢ ✢ ✢ ✢ ✢

"전 세계에 대주교는 몇 명이야?"

"600명."

"우리나라는?"

"3명."

"그럼 추기경은 몇 명이야?"

"교황 선거권을 가진 80세 이하가 120명."

"그럼 우리나라는 이제 1명이네."

"응."

"주교는 몇 명이야?"

"30명."

1600년 예수회 신부 마테오 리치 중국 상륙. 중국 신자가 물었다.

"신부님 제사 지내도 되남유?"

"가능. 우상숭배와 구별할 것."

100년 후 프란체스코회 신부 중국 상륙.

"신부님, 제사 지내도 되남유?"

"안 됨."

이제 박해가 시작됨.

윤지충(1758년~1791년). 논산 생.

1783년 서울 명동 김범우의 집에서 외사촌 형 정약용의 가르침을 받고 천주교에 귀의 세례를 받았다. 1789년 베이징에 가서 견진성사 받고 귀국.

✝ ✝

"아빠, 견진堅振이 머야?"

"군 입대 하는 거야. 이제 그리스도의 병사."

"몇 년 동안 근무해야 되는데?"

"평생."

"그럼 난 안 해. 바빠 죽겠는데."

천주교 신자에 대한 박해가 심해지자 낙향. 외사촌 형 권상연(1750년~1791년)이 천주교로 인도. 1791년 어머니 권씨가 돌아가셨다. 유언은 이렇다.

"교회의 가르침에 위배되는 일은 하지 마라."

베이징의 구베아 주교에게 전화.

"우찌해야 되남유?"

"제사 금지."

신주를 불태워 땅에 묻었다.

친척들이 관아에 고발.

"권상연은 무군무부無君無父의 패륜아임. 처단 요."

진산 군수 신사원이 윤지충과 권상연을 잡아들였다.

"야, 좀 봐주라. 나도 다치걸랑. 니는 애비도 없냐?"

"난 주님밖에 없걸랑요."

"나도 모르것다."

전라 감영으로 넘겼다.

"너, 죽을래?"

✝ ✝

"맘대로 하서유."

윤지충의 유언은 이렇다.

"만약에 제가 살아서건 죽어서건 가장 높으신 아버지를 배반하게 된다면 제가 어디로 갈 수 있겠습니까?"

"아빠, 그럼 천주교도는 장례식장에서 절하면 안 되는 거야?"

"해도 돼. 그냥 존경의 표시로."

"왜 사람이 죽으면 '삼가'라고 말하는 거야?"

"조심하는 마음으로 정중하게."

진산군은 현으로 강등. 진산 군수 신사원 100대 곤장 맞고 잘리고. 여러 사람 다친다. 일파만파. 윤지충과 권상연은 현 전동성당 자리에서 참수되어 9일 동안 풍남문에 목이 내걸렸다. 전라도 최초의 천주교 순교자 등극.

교우들은 금산군 진산면 두지리 가세발로 숨어들었다. 바람이 불 땐 잠시 피하는 게. 가세발은 지방리로 지명 변경되고.

1927년 윤지충의 집터에 공소 건립.

1929년 지방리성당으로 승격.

1931년 신자 부족으로 다시 공소가 되고.

금산성당 소속.

"아빠, 우리나라에 목사님은 몇 명이야?"

"16만 명."

"개신교 신자가 몇 명인데?"

✝ ✝ ✝ ✝ ✝ ✝ ✝ ✝ ✝ ✝ ✝ ✝ ✝ ✝ ✝ ✝ ✝ ✝ ✝

전동성당. 1891년 보두네 신부가 현재의 위치에 있었던 민가를 사들여 임시 본당으로 삼았다. 1908년 명동성당의 내부를 건축한 프와넬 신부의 설계로 성당 착공. 1931년 대구대목구의 드망즈 교구장의 주례로 축성식. 사적 제288호. 사제관은 지방문화재 제178호. 호남 전체에서 최초로 세워진 서양식 건물.

풍남문. 보물 제308호. 옛 전주읍성의 남쪽 문으로 정유재란 때 파괴된 것을 1734년 성곽과 성문을 다시 지으면서 명견루라 불렸다. 1767년 소실. 1768년 중건하면서 풍남문豊南門이 되고. 1905년 조선통감부의 폐성령에 의해 4대문 중 풍남문을 제외한 3 대문 동시에 철거. 1978년 연장 97.5미터의 여담 쌓기와 치석 6856개로 옹성 1933제곱미터를 축조 복원.

"1200만."

"그럼 교회 수는."

"6만 3000개."

"다방보다 많겠군."

"응."

사제 되는 과정 보자.

서울대교구의 경우 2학년을 마치면 일괄적으로 사병으로 군에 입대. 제대 후엔 10개월 정도 국내외 사회복지 시설을 비롯해 아시아 각지의 교회 현장에서 봉사와 수련의 시간을 갖는다.

6학년 1학기를 마치고 사제 후보자인 부제副祭에 서품되면서 성직에 입문하게 되고 7년 과정을 마치면 사제 서품을 받는다.

"아빠, 서품식에서 새 사제들이 왜 바닥에 엎드리는 거야?"

"이제 비천한 사람으로 봉사하겠다는 거야."

주의 사항. 내비에 주소 치세유. 오지라.

충남 금산군 진산면 지방리 416-7.

문이 잠겨 있으니 전교회장님에게 전화 후 방문 요.

010-5002-4660

2009년 성당으로 승격. 현판을 바꿔 달았다.

진산성지성당. 신자는 달랑 70명.

십계명. 하느님 왈.

1. 야훼 이외의 다른 신을 섬기지 마라.

✝ ✝

금산성당. 충남 금산군 금산읍 중도리 305. 1929년 전라도 되재본당으로부터 분리되어 설립. 1860년대에 설립된 가세밭공소는 금산 본당의 직접적인 모태가 되는 공소로 1929년 본당으로 승격되었으나 일시 공소로 격하. 1935년 현 위치로 옮겨 부지와 건물 매입하고 다시 본당으로 승격. 사진은 2000년 김영섭의 설계로 신축된 금산성당.

2. 우상을 섬기지 마라.

3. 하느님의 이름을 함부로 부르지 마라.

4. 안식일을 거룩히 지키라.

5. 너희 부모를 공경하라.

6. 살인하지 마라.

7. 간음하지 마라.

8. 도둑질하지 마라.

9. 거짓 증언을 하지 마라.

10. 남의 재물을 탐내지 마라.

불교 오계 볼까유. 부처님 왈.

1. 살생하지 마라.

2. 도둑질하지 마라.

3. 음행을 하지 마라.

4. 거짓말하지 마라.

5. 술 마시지 마라.

공주 갑사를 찾아 스님에게 물었다.

"스님, 십계명과 오계가 비슷하네유. 누가 베낀 건감유?"

"서로 베꼈음."

✝ ✝

갑사. 갑사甲寺는 으뜸가는 절이란 뜻. 420년 고구려에서 온 승려 아도가 창건. 정유재란 때 소실. 1654년 중창. 1875년 중건. 춘마곡春麻谷 추갑사秋甲寺. 봄에는 마곡사가, 가을에는 갑사가 천하제일의 절경. 임진왜란 승병장 영규대사의 고향으로 유명.

청
양

성
당

높이 오르려면
낮은 곳에서
출발해야 하나니

✝ ✝ ✝ ✝ ✝ ✝ ✝

1929년 라테란협정.

산조반니 인 라테라노대성당에서 이탈리아의 총리 무솔리니와 교황청의 대표인 추기경 데 가스 페리가 두 개의 의정서 교환.

1. 가톨릭이 이탈리아의 유일한 종교이며 바티칸시국의 성립과 교황의 절대적 주권을 인정한다.
2. 결혼을 교회의 통제하에 두며 학교 교육에서 가톨릭 종교 과목을 의무화한다.

세계 최소국 바티칸시국 독립.

"아빠, 바티칸이 먼 뜻이야?"

"선지자의 땅."

"알았어, 갔다 올게."

"머라, 바티칸 사진 찍어 와라."

"같이 가지."

"돈 없음."

바티칸에서는 무릎 이상의 부위를 노출한 옷을 입어서는 안 된다.
국경에서 나눠주는 보자기를 둘러야 됨.

"아빠, 교황의 집은 면적이 얼마나 되는데?"

"5만 6000제곱미터(1만 7000평)."

15세기에 건립된 바티칸 궁전의 방은 몇 개일까요?
1400개다.
국민 수는 달랑 900명.

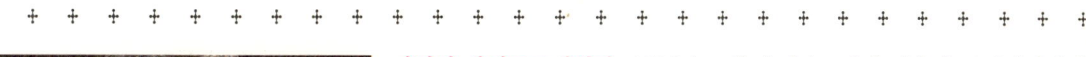

바티칸 성베드로대성당. 1506년 교황 율리오 2세가 건축가 브라만테에게 명하여 본격적인 공사에 착수. 브라만테는 그리스 십자식 플랜의 중심에 대원개大圓蓋를 얹고, 대원개를 떠받칠 네 개의 큰 지주와 그것들을 잇는 네 쌍의 아치 완성. 라파엘로-상갈로-미켈란젤로-폰타나를 거쳐 1622년 축성식. 1677년 베르니니가 원주 회랑으로 에워싸인 정면 광장으로 마무리.

1984년 유네스코에서 세계문화유산으로 지정.
1791년 신해박해.
내포의 사도 이존창의 권고를 받고 교우가 된 이씨 부인은 이 박해를 피해 열두 살의 아들짜리 최인주를 데리고 서울에서 청양 다락골로 낙향.

"아빠, 내포 지방은 어디를 말하는 거야?"
"가야산 인근 열 마을. 해미, 결성, 태안, 서산, 면천, 당진, 홍성, 덕산, 예산, 신창."

청양으로 출발.
우리 시대의 스타 채제공과 최익현의 고장.

"아빠, 왜 여기 청양고추가 유명한 거야?"
"그 고추는 여기 아니야."
"그럼?"
"청송, 양양."
"청양은 먼 뜻인데?"
"햇빛 잘 들고 공기 좋은 땅."
"인구는?"
"3만 4000."

최인주는 다락골 입구 샛터에 정착 6남매 출산.
막내 이름은 최경환.
최경환은 자라 이존창의 후손인 이성례와 결혼.

✢ ✢

이존창(1752년~1801년). 권일신에게 교리를 배워 입교하였다. 그 뒤 고향인 내포 지방을 중심으로 충청도교회를 일으켜 내포의 사도使徒로 불렸다. 신해박해 때 체포되어 한때 배교하였으나, 다시 교회로 돌아와 부여 일대에서 전교. 을묘박해 때 6년 동안 연금. 신유박해 때 공주 감영으로 이송되어 참수. 사진은 생가 터가 있는 여사울성지성당.

채제공(1720년~1799년). 본관 평강. 호 번암樊巖. 정조 중반 이후 천주교를 두둔한다는 이유로 여러 차례 처벌받고, 죽은 뒤 삭탈관직. 수원 화성의 총책임자. 체제공 선생의 묘는 경기기념물 제17호. 경기도 용인시 처인구 역북동 산5. 정조가 친필로 내린 뇌문 보자. "소나무처럼 높고 높아 우뚝 솟았고, 산처럼 깎아지른 듯 험준하여라. 그 기개는 엷은 구름같이 넓고, 도량은 바다를 삼킬 듯 크다." 사진은 채제공의 묘.

최양업 출산. 대한민국 제2호 신부.

그럼 아시겠죠?

최경환은 《칠극대전》 완독.

"아빠, 칠극이 머야?"

"탐욕, 오만, 음탕, 나태, 질투, 분노, 색의 칠죄를 극복하기 위한 칠극은 은혜, 겸손, 절제, 정절, 근면, 관용, 인내."

"누가 쓴 건데?"

"스페인 출신의 예수회 신부 판토하(1571년~1618년)."

서울-강원도 금성-경기도 부평 거쳐 안양 수리산 정착.

1839년 장남 최양업을 마카오로 유학 보낸다.

포졸들이 다락골 습격.

최경환을 비롯한 전 가족 서울로 압송.

1839년 옥에서 간다. 향년 35세. 1984년 성인 등극.

1866년 병인박해.

최양업 집안사람들이 갈매못에서 순교한 37명 다락골에 안장.

1964년 오기선 신부가 유해 17기 발굴.

1981년 방윤선 신부가 줄 무덤 추가 발견.

제1 줄 무덤 14기

제2 줄 무덤 10기

제3 줄 무덤 13기.

1982년 대전교구가 줄 무덤 성지로 지정.

✝ ✝

최양업 생가 터. 충남 청양군 화성면 농암리. 이곳에서 1805년 최양업 신부의 부친 최경환 성인이, 1821년 최양업 신부가 태어났다. 1791년 최경환 성인 부친이 이곳에 정착하면서 다락골에 교우촌을 이루었다. 최근 생가 복원 준비 중.

2008년 다락골성지 성당 축성.
청양의 유일한 성당 청양성당을 찾아 나섰다. 대한민국의 대표 성당 건축가 김영섭 작.

"아빠, 김영섭 선생 올해 몇이야?"
"이순."
"이순이 머라고 했지?"
"다 들어준다."
"왜 듣기만 해?"
"그동안 많이 떠들었으니까."
"언제까지 듣기만 해야 돼?"

갈매못성지. 1866년 3월 29일 목요일 갈매못 도착. 다음 날 죽여라. 이왕 갈 바엔 주의 수난일(성 금요일)에 가겠다. 마지막 소원이다. 좋다. 갈매못 앞바다에서 망나니가 춤을 춘다. 잘 가라. 목을 친다. 다블뤼 주교, 오매트르(1837년~1866년), 위앵(1836년~1866년) 신부, 배론 성지의 요셉신학교 집 주인 장주기와 황석두 간다. 1927년부터 성지로 관리. 1975년에 순교비, 1999년 경당, 2006년 성당 완공되어 순례자들을 맞고 있다.

"10년 동안."
"어느 학교 나오셨어?"
"성균관대 건축과 1기."
"고생 많으셨겠군."
"응."
"호가 머야?"
"삼백."
"왜 호가 삼백이야?"
"평균 공사비의 절반인 평당 300만 원짜리 공사 전문이걸랑."
읍내의 작고 오래된 성당을 팔고 이사 가야겠다. 통계청에 전화. 대

✝ ✝

피에타. 1499년 미켈란젤로 작. 24세 때 만든 작품. '피에타'란 이탈리아어로 '자비를 베푸소서'라는 뜻으로, 성모마리아가 죽은 그리스도를 안고 있는 모습을 표현한 그림이나 조각상을 말한다. 성모마리아의 어깨 띠에는 '피렌체인 미켈란젤로 부오나로티 제작'이라는 그의 유일한 서명이 새겨져 있다. 높이 175센티미터의 대리석 조각. 역시 딸이 찍은 사진.

한민국에서 성당을 제일 많이 설계한 건축가는? 30개 설계한 김영섭. 주임신부와 건축가가 마주 앉았다.

"설계비는?"

"반만 받겠다. 반은 봉헌한 걸로 하고. 단, 조건이 있다. 위임해달라."

"좋다. 대지 선정부터 가구 설계까지 전부 다 맘대로 해라."

읍내가 한눈에 내려다보이는 언덕 3300제곱미터(1000평) 구입. 기존 옹벽을 이용해 사무 공간을 집어넣고 2층 루프가든에 오각형 평면을 앉히고 원형 천창 설치. 아크릴 덮었다. 좀 약한가. 멀리 국도변에서도 조망되는 강렬함이 필요하다. 좋다. 오각형 별 모양의 철 구조물을 세웠다. 외벽은 원형으로 돌아가면서 꺾어지고 스테인드글라스 처리. 죽이는군. 모서리 자투리 공간에 아담한 사제관 설치. 끝. 2000년 제5회 한국가톨릭미술상 건축 부문 수상.

청양 읍내 진입. 멀리서도 오각형 별이 보인다. 아연판 붙이셨군. 성

✚ ✚

교황 경호원. 1527년 네덜란드 왕 찰스 5세가 로마를 침략했을 때 로이스트가 이끄는 스위스 용병단이 결사항전으로 교황청 사수. 교황 경호를 책임지는 스위스 근위대는 110명으로 구성된 정예 군대로, 지난 1506년 창설. 현재 근위대는 가톨릭 신자 중 스위스 국적의 미혼 남성을 대상으로 선발.

당 사무실을 찾았다. 어라, 잠겨 있네. 왠지 어수선. 곳곳에 금이 가 있고. 옥상에 올랐다. 한 아저씨가 화초를 다듬고 있다. 물었다. 요새 복장 불량인 신부님이 많아서.

"신부님이신감유?"
"아님. 신자임."
"성당 좀 찍어도 되남유?"
"됨. 단 무너져도 책임 안 짐."

머라. 짐작은 했지만.

"금이 많이 가 있네유."
"무너지기 직전임."
"1999년에 지었죠?"
"10년 됐음. 혹 김영섭 선생 아는지."
"예."
"설계사무실 전화가 왜 불통인지."
"학교로 들어가셨걸랑요. 설계자보다는 시공사에."
"배 째라고 나옴."
"신부님이 직접 찾아가시면."
"당시 신부님은 다락골성지로 가셨음."
"지금 신부는?"
"초짜."

루프가든 바닥재가 춤을 춘다. 크랙 진행 중인 듯. 일단 성당 안에 들

✝ ✝

어가 촬영. 역시 사진발은 죽인다. 다시 묻지 마 인터뷰.

"신부님 월급은 얼만 감유?"

"100만 원."

"수녀님은 안 계시는지?"

"읍내 월세방에 계심."

"신부님 식사는?"

"어머니가 와 계심."

아들 가톨릭대학 보낸 어머니들 요리학원 다니세유.

"상주하는 사람은?"

"없음."

"신자 수는?"

"200명. 대부분이 70대 노인들이고. 시골 성당의 현실을 감안했다면 그냥 읍내에 있는 게. 노인들 등산하다 전부 낙오 중."

"좀 고치시는 게."

"비가 안 새는 데가 없어 수리 불가. 내부 아크릴 천창에서도 물 쏟아짐."

나 원 참.

"신자들이 봉헌할 때 봉투에 이름 쓰남유?"

"안 씀. 개신교는 그래프도 그리더만."

"봉헌한 돈은 전부 대전교구로 일단 보내남유?"

"일부만. 신자 규모에 따라 정해진 비율에 따라."

✛ ✛

"유치원도 별도로 운영하시는가 보죠?"
"10억 들어갔음."
"대전교구청에서 주셨남유?"
"5년 알바해서 모았음."
"알바라니."
"된장, 고추장 등을 서울 성당에 가서 팔았음."
"교구청에서는?"
"지원 없음. 의무만 있고. 금산성당 가봤는지."
"예. 김영섭 선생이."
"거기도 비 새고 난리임."
"대책은?"
"부수고 다시 지을 생각."
"돈은?"
"또 알바해야 됨."
"아빠, 가자."
"응."
"김영섭 선생 만나면 실상 전해주기 바람."
"예."
"시골 성당은 시골 성당답게 짓기를."
땀을 뻘뻘 흘리면서 차에 올랐다.
"아빠, 시골 성당은 어떻게 지어야 돼?"

✝ ✝

"비 안 새고, 바람 잘 통하고, 햇빛 잘 들게."
멀리 국도변에서 바라 본 사진발. 삐까번쩍.
"아빠, 근데 왜 저 지붕이 오각형이야?"
"다윗의 별이 오각형이걸랑."
2002년 노무현 대통령 후보가 혜화동의 김수환 추기경을 찾았다.
"종교가 있나?"
"1986년 부산에서 송기인 신부로부터 영세를 받아 '유스토'라는 세례명을 얻었지만 열심히 못 나가 프로필 쓸 때에 종교란에 무교로 씁니다."
"하느님을 믿나?"
"희미하게."
"하느님께 모든 것을 맡겨라."
"앞으로는 프로필 종교란에 '방황'이라고 쓰겠습니다."
"아빠, 추기경樞機卿이 먼 뜻이야?"
"신과 인간 사이의 문을 열었다 닫았다 하는 높은 어른."

자사 왈.
<u>등고자비登高自卑.</u>
높이 오르려면 낮은 곳에서 출발해야 한다.

✝ ✝ ✝ ✝ ✝ ✝ ✝ ✝ ✝ ✝

흑산성당

대장부라면
천하의 큰 도를
행하여야 되나니

정약전(1758년~1816년). 본관 나주. 호 손암巽庵. 암자에 들어가 조용히 책이나 읽으며 살겠다.

1779년 성호학파의 거두 권철신이 광주 천진암에 공부방을 열었다. '서학교리연구회' 젊은이들이 구름처럼 모여들고.

피바람을 예고한다.

증광문과에 병과로 급제.

1797년 병조좌랑. 남인계 선비. 가만 있으면 입신양명은 떼어놓은 당상. 파도는 치고.

당시 조정은 노론벽파가 득세하던 시절.

"아빠, 노론老論이 뭐야?"

"낡은 질서와 기득권을 주장하던 선비들의 모임."

"그럼 벽파는 또 뭐야?"

"영조가 친아들인 사도세자를 뒤주 속에 가둬 굶겨 죽인 건 알지!"

"응."

"그때 노론은 두 계파로 나뉘어 싸워. 사도세자를 동정하는 시파時派(시류에 따르는 온건파)와 사도세자의 행실을 비판하는 벽파辟派(시류에 따르지 않는 강경파)로."

나주 정씨 가문은 대대로 남인. 남인은 시파를 따르고. 그럼 왕따.

"아빠, 남인南人은 또 뭐야?"

"영남 출신 선비들의 모임. 남인의 지도자 류성룡의 고향이 남쪽 안동이었걸랑."

✢ ✢ ✢ ✢ ✢ ✢ ✢ ✢ ✢ ✢ ✢ ✢ ✢ ✢ ✢ ✢ ✢ ✢ ✢ ✢

사도세자(1735년~1762년). 조선 제21대 왕 영조의 둘째 아들. 노론의 집중적인 공격으로 뒤주에 갇혀 굶어 죽었다. 1777년 그의 아들인 정조가 왕위에 올라 장헌莊獻으로 추존하고, 묘를 수원으로 옮겨 영우원을 현륭원顯隆園이라 고쳤다. 1899년에는 장조莊祖로 추존되고, 현륭원을 융릉隆陵이라 고쳤다.

사도세자의 아들인 정조가 조선 제22대 왕에 올랐다. 그럼. 역전. 사도세자를 동정하는 시파 득세. 정약용도 아빠 손 잡고 한양 입성. 성균관에서 수학 중 정조와 조우.

"야, 내가 부친의 능이 있는 수원에 자주 가야 되는데 한강을 안전하게 건널 방법이 없겠냐?"

"배다리 놓으면 됩니다."

"머라, 그게 뭔데?"

"배를 쇠사슬로 연결하고 철판 깔면 되걸랑요."

정조가 능행길에 나섰다. 수행 인원만 2000명. 한강에 왔다 갔다 하는 배 전부 집합. 800척 연결하니 다리가 되고. 그놈 참 머리 좋다. 정약용은 이제 스타. 금서인《천주실의》를 형들과 몰래 읽고 있는 게 유일한 약점.

✝ ✝

정조(1752년~1800년). 이름 산. 영조의 손자로 아버지는 사도세자, 어머니는 영의정 홍봉한의 딸 혜경궁 홍씨. 1791년 천주교 신자가 제사를 거부하고 가묘의 신주를 불사른 진산 사건이 발생하여 천주교 박해를 주장하는 소리가 높아졌으나, 정학正學을 신장하면 사학邪學은 저절로 억제할 수 있다는 신념으로 천주교에 우호적이었다. 사진은 건릉. 사적 제206호.

"야, 내가 신도시를 수원 화성에 만들려고 하는데 공사 기간을 좀 줄일 방법이 없겠냐?"
"있습니다. 거중기擧重機 사용하면 됩니다."
"그게 뭔데?"
"도르래의 원리를 이용해 작은 힘으로 무거운 돌을 쉽게 들어 올리는 기계입니다."
"넌 어째 그렇게 모르는 게 없냐! 본관이 어디라고 했지?"
"나주이옵니다."
"그쪽은 아닌 거 같고. 어머니 본관은 어딘가?"
"해남 윤씨이옵니다."
"뭐라. 그럼 우리 시대의 명장 공재 윤두서와는 어떤 관계인고?"
"외할아버지시옵니다."
"그럼 그렇지."

1800년 정조 지구 떠나고. 이젠 복수전. 1801년 신유박해. 천주교도 100명 사형. 400명 유배. 셋째 형 정약종은 사형, 둘째 형 정약전은 신지도로 유배. 정약용도 포항으로 귀양길에 오른다. 9개월 후 다시 황사영 백서 사건. 청나라의 주교에게 조선의 탄압상을 이르려다 잡힌 거다. 황사영은 정약종의 사위.
더 멀리 가라. 조선의 유배지는 죄의 경중에 따라 3000리에서 5000리까지 멀어지고. 형 정약전은 흑산도로, 정약용은 강진으로.
이제 정약용은 장기전에 대비한다. 인생은 어차피 복불복.

✢ ✢

윤두서(1668년~1715년). 본관 해남. 호는 공재恭齋. 윤선도의 증손. 젊어서 진사시에 합격했으나 벼슬길에 나가지 않고 시서 생활로 일생을 보냈으며 죽은 뒤 가선대부·호조참판 추증. 그가 그린 '윤두서 자화상'은 국보 제240호. 우리나라 최초의 본격적인 서민 풍속화가. 전남 해남군 현산면 백포리 372에 있는 윤두서 고택은 중요민속자료 제232호.

"아빠, 복불복福不福이 뭐야?"

"사람이 잘 살고 못 살고는 다 타고난 복에 따르나니. 억지로 되는 게 아니다."

살던 움막에 현판을 걸었다. 사의재四宜齋.

1. 생각을 담백하게 하고,
2. 외모를 장엄하게 하고,
3. 언어를 과묵하게 하고,
4. 행동을 신중하게 하겠다.

사내대장부가 왔다 간 흔적은 남겨야지.

"아빠, 대장부가大丈夫가 뭐야? 많이 듣던 말인데."

"남자다운 남자. 맹자 가라사대, 대장부라면 모름지기 천하의 가장 넓은 곳에 살며, 천하의 가장 바른 지위에 서서, 천하의 가장 큰 도를 행하여야 한다."

정약전은 뱃길 두 달 만에 흑산도 도착. 할 일도 없고. 어라, 머 하지. 초가집에 현판을 걸었다.

복성재復性齋. 성을 되돌리고 싶다. 나 나주 정씨 아니걸랑. 아직 화가 안 풀리셨다.

사면이 바다. 좋다, 물고기나 연구해야것다.

일일불작이면 일일불식. 하루 일하지 않으면 하루 먹지 않는 법.

선비가 놀 수도 없고. 어부들을 불러 모았다.

"너희 아이들을 가르쳐주겠다. 단, 조건이 있다. 물고기를 종류별로

두 마리씩 잡아 와라."

"왜 두 마리에유?"

"하나는 안주, 하나는 해부용."

"야, 술 좀 가져와라."

탁주 도착. 향이 좋고 맛이 달다.

"야, 이거 멀로 만든 거냐?"

"고구마, 감자, 수수에 더덕, 인동초, 후박나무 섞었걸랑요."

밤새 들이켠다. 내가 도대체 뭘 잘못한 거지.
아침에 일어나니 한 동자가 서 있다.

"자네 이름이 먼가?"

"장덕순인디유."

"이름 바꿔라. 창대로."

"먼 뜻인감유?"

"크게 성공하리라."

"앞으로 지가 수발을 들겠습니다."

"해장국 좀 끓여라."

"선상님 숙취 해소에는 낙지탕이 최고걸랑요."

"고맙구나."

낙지탕 국물 마시니 속이 그냥 풀린다. 낙지를 비리비리한 소에게 먹였다. 소의 눈이 맑아진다.
《자산어보》를 한 줄씩 기록해나간다.

✢ ✢

"마른 소에게 낙지 서너 마리 먹이면 금세 힘을 되찾는다."
장창대가 날렵한 물고기를 잡아 왔다.

"이 물고기 이름이 머시더냐?"

"꽁치라 하옵니다."

"먼 뜻이냐?"

"아가미 근처에 구멍이 있걸랑요."

"거참 맛이 달고 산뜻하구나."

어느 날 동네 아이가 뱀에 물렸다. 어부가 태연히 홍어 껍질을 붙이니 독이 다 빠져나온다.

"배에 복결병이 있는 사람은 삭힌 홍어로 국을 끓여 먹으면 낫는다. 또 삭힌 홍어는 숙취를 없애는 데 효과가 있으며, 뱀에 물린 데에는 껍질을 붙이면 낫는다."

╬ ╬

우이도의 홍어 장수 문순득(1777년~1847년)이 태풍을 만나 오키나와, 필리핀, 마카오를 거쳐 1805년 3년 2개월 만에 살아 돌아왔다. 정약전을 찾아 지난한 여정을 자랑했다.

"필리핀 애들은 반드시 의자에 앉아 생활하고 밥은 남자가 지어유. 웃기죠. 밥 먹을 때는 가운데 밥 한 그릇, 반찬 한 그릇을 놓고 남녀가 둘러앉아 손으로 먹고."

"야, 너 그거 책으로 내라. 대박이다. 조선 역사상 필리핀 갔다 온 애가 없걸랑."

"저 까막눈인디유."

"그럼 떠들어라. 내가 쓸게."

《표해시말漂海始末》바다 표류의 시작과 끝. 최초의 표류기.

1816년 정약전 간다. 유배 생활 16년. 향년 59세. 사인 영양부족. 아시죠, 곡기 끊은 거.

1818년 다산의 귀양이 풀렸다. 서울 가는 길에 다시 밤남정 주막 거리에 들렀다. 형은 이미 2년 전에 갔고. 형님 곧 따라가겠습니다.

1998년 복성재 복원. 현판을 바꿔 달았다. 사촌서당.

"아빠, 사촌沙村이 먼 뜻이야?"

"어촌의 모래사장. 인생은 한 줌의 모래와 같다. 알긋냐."

"아빠, 계룡산에서 도 닦은 지 얼마나 됐지?"

"16개월."

"갈 길이 머네."

✢ ✢

"응."

1918년 에드워드 갈빈 신부와 존 블로위 신부 성 콜룸반 외방선교회 창설. 1933년 교황의 전화가 왔다. 대한민국 전라남도 점령할 것. 물 좋음.

해방 후 흑산도는 보릿고개. 태반이 굶어 죽고. 1951년 전란을 피해 최초의 천주교도 조수덕 흑산도로 귀환. 천주교 전파. 1952년 전교회장 정용관 도착. 먹을 게 없군. 금강산도 식후경. 가톨릭 구제위원회에 전화. 밀가루 좀 보내줘유. 1957년 목포 산정동성당 브라질 신부 밀가루 들고 흑산도 상륙. 구세주.

흑산면 진리 35번지 구입. 사제관 건립. 다음 해 드디어 본당 축성. 흑산도엔 병원은커녕 약국도 없다. 흑산성당 신부님 목포 성 콜룸반 병원장 엔다 수녀님에게 전화. 약 좀 보내유. 1960년 성당에 약국을 차렸다. 인산인해. 1970년 대건조선소 건립.

"아빠, 왜 섬 이름이 흑산이야?"

"산과 바다가 푸르다 못해 검게 보여서."

흑산도에 소형 발전소가 들어왔다. 저녁 7시부터 10시까지만 사용 가. 전등만. 흑산성당 신부님 미8군에 전화. 대형 발전기 두 대만 보내라 오버. 1971년 발전기 도착. 이제 하루 종일 전기 공급함. TV, 냉장고 속속 도착.

이제 먹고사는 게 문제. 감귤나무 열 그루면 자녀 교육 가능하던 시절. 신부님 제주행. 감귤나무 100그루 들여왔다. 감사하나이다.

✢ ✢

목포 여객터미널에서 오후 1시 쾌속선 탑승. 오전 7시 50분과 오후 1시 달랑 두 척 운행. 뱃삯 3만 1300원. 흑산면 주민은 5000원. 머리털 나고 첨으로 흑산도 가는 길. 바닷길 100킬로미터. 2시간 만에 흑산도 도착. 택시기사가 말을 건다.

"혼자 오셨남유?"

"예."

"6만 원이지만 5만 원으로 깎아주겠음."

갤로퍼 택시 탑승. 24킬로미터의 일주도로는 포장 비포장 도로 반복.

"흑산도 택시는 몇 대인지."

"10대."

"가족은."

"이혼. 혼자 삼."

전멸이군. 대한민국의 40, 50대.

"흑산면 인구는."

"5000명이 100개의 섬에 흩어져 삼."

"벼농사는."

"안 됨. 100퍼센트 수입."

"염분 땜에 안 되는 건지."

"물이 귀해서 안 됨. 식수도 제한 급수."

"그럼, 머 먹고사는지."

"가두리 양식. 여러 섬들이 거센 파도를 막아줌."

✢ ✢

"그럼 도다리 양식인지."

"전복."

"고등학교는 있는지."

"없음. 목포로 유학."

"어민 소득은."

"연 5000. 잘삼. 도박만 안 한다면."

곳곳에 폐가 즐비. 여긴 주거 수준이 아직도 1960년대.

"성공한 흑산도 주민은 귀향 안 하는지."

"절대 안 돌아옴."

흑산도 유일의 흑산비치호텔 도착. 혼자라 8만 원. 조석 제공.

"인터넷 되남유?"

"로비에서만."

속도는 세월아 내월아. 바다를 건너와야 되니. 저녁은 우럭구이. 죽임. 아침은 전복죽. 죽임. 1969년 권혁진 감독이 〈흑산도 아가씨〉 영화화. 이미자가 부른다.

남몰래 서러운 세월은 가고

물결은 천 번 만 번 밀려오는데

못 견디게 그리운 아득한 저 육지를

바라보다 검게 타버린

검게 타버린 흑산도 아가씨

한없이 외로운 달빛을 안고

✢ ✢

최익현 유허지. 1833년 경기도 포천 생. 1855년 과거급제. 1873년 흥선대원군 퇴출을 주장하다가 제주도 유배. 1875년 명성황후 척족 퇴출 주장하다가 흑산도 유배. 1906년 왜놈들에게 들이대다가 대마도 유배. 병사. 흑산도 방문 시 꼭 들리세유. 선생 고택은 충남 청양군 목면 송암리 174-1.

흘러온 나그넨가 귀양살인가

애타도록 보고픈 머나먼 그 서울을

그리다가 검게 타버린

검게 타버린 흑산도 아가씨

조선 시대 130명 선비들의 유배지. 오지. 가면 끝. 자, 다들 다녀오시죠. 예리항의 모텔은 3만 원 수준. 단 인터넷 안 됨. 터미널 옆 문화원에서 공용 인터넷 사용 가. 공짜.

선현 왈.

화봉삼축華封三祝

"중국의 한 신하가 왕에게 세 가지를 축원했다. 자손 번창하시고, 부자 되시고, 오래 사십시오."

"난 다 싫다. 자손 많이 낳으면 걱정이 많고, 부자 되면 일이 많아지고, 오래 살면 추해지고. 난 덕이 많은 왕이 될란다."

그래 수원 신도시는 화성華城이 된다.

✚ ✚

화성. 효를 통해 덕을 펼치는 도시. 1796년 우리 시대의 선비 채제공의 지휘 아래 수석 건축가 정약용이 연인원 70만 명을 동원해 성 둘레 5.7킬로미터, 138만 제곱미터(42만 평)의 화성 완성. 1996년 화성 건립 200주년을 맞아 화성 복원에 나선다. 1997년 유네스코 세계문화유산으로 등록. 사진은 화성 행궁.

추천글

✚

주말 오후, 난데없이 날아온 메시지.

발신자, 이용재.

"대우탄금對牛彈琴. 소에게 거문고를 들려준다.

어리석은 사람에게는 진리를 들려주어도 이해하지 못한다."

고라?

의문스럽다.

소에게 거문고는 진리인가. 거문고를 홀려듣는 소는 과연 어리석은가.

이 말에는 공급자 중심의 세계관, 거문고 연주자의 오만함이 묻어난다.

여물을 원하는 소에게, 거문고가 웬 말이냐, 홀라 홀라.

난 여태, 용재 선생이 뜬 이유가 세상이 온통 거문고 소리라 굳게 믿는 잡음으로 넘쳐날 때, 그 홀로 소에게 여물을 먹임으로써 소들의 환영을 받은 거라 생각했다.

그날 오후, 날아온 메시지는 한번 더 생각하게 만든다.

비평은 무언가를 선택하면서 이미 시작된다. 그가 드는 비유, 그가 사용하는 은어, 그가 사용하는 추임새에 묻어나는 것이 여물 냄새인 줄 알았다. 그건 분명하다.

비유와 은어, 추임새만큼은 분명 그랬다. 그래 그가 내민 통에 가득 담긴 것이 먹지도 못하는 거문고 소리가 아니라 맛난 여물인 줄 알고 허겁지겁 달려들어, 그 냄새에 취한다.

물론 먹을 만한 것이 있긴 있다. 진수성찬이다. 역사적 배경 설명과 지식, 맛깔스러운

✚ ✚

뒷이야기, 당사자로부터 전해 듣지 않고서는 얻기 힘든 구구절절한 스토리에다가 총총 박아놓는 현실을 빗댄 스트레이트 어퍼컷. 척 보이는 것에 대한 직관적 해설. 과연 건축 코너와 기행 코너, 인문 코너에 나란히 올라갈 만한 이야기다. 요즈음 그의 레퍼런스 시리즈에 '사자성어'와 '절절한 시, 혹은 유행가 가사'가 전략적으로 추가된다. 세트 요리에 일품요리 추가쯤? 물론 그게 시의 적절하여 읽는 이의 심금을 가끔 울리기도 한다. 나의 경우처럼. 사실, 뭐 그것만으로도 훌륭하다. 암튼 울렸잖아. 그래서 동했잖아. 그래서 이렇게 쓰잖아.

요리 너무 훌륭한데, 한 가지 빠진 것이 있는 듯해 무척 서운하다. 밥 없이 좋은 반찬 가득한 상 받은 것만큼 세상 괴로운 게 또 없다는데, 용재 선생 글을 읽고 난 내 심정이 꼭 그렇다. 뭐. 진정한 주당은 곡기를 입에 대지 않는다고 하더만서도, 내 경우엔 주당의 경지에 이르지 못해 못내 서운한 거다.

건축가 입장에서 보면 일반인인 '알랭 드 보통'의 경우를 보자. 보통 아저씨, 건축에 대한 인문적 글을 쓰면서, 그 건축이 사용자들에게 어떤 기제를 통하여 어떻게 작동을 하는지에 관해 진지한 자세로 접근한 것을 보면 이 사람 보통 아니다 싶다. 보통 아저씨와 용재 선생을 굳이 비교하자면, 두 사람 모두 레퍼런스를 무척 많이 끌어들인다. 글 쓰는 사람으로서 바람직한 자세이며, 내게는 부족하여 본받을 만하다.

보통 아저씨. 직업, 소설가.

글의 특징. 그래픽 아이콘과 상세한 사진 설명까지 곁들이면서 많은 레퍼런스를 동원하지만, '보통식 사유'가 인상적으로 기억됨. 읽는 사람 입장에서는 물 흐르듯 유려한 사고의 단계를 좇아가는 지적 게임. 문체는 부드러운 맛.

✢ ✢

용재 선생. 직업, 건축 비평가(본인의 명함에 써 있는 공식 직함).

글의 특징. 굳이 사진을 보지 않더라도 충분히 공감 가능한 글들 속에는 '대가'들을 직접 대면하지 않고는 얻기 어려운 자료들이 가득하며, 사전식 역사 지식이 쏟아지는 기세와 생생한 드라마식 재현 방식이 인상적으로 기억됨. 반전과 비약이 주는 자극이 중독 증세를 불러일으킴. 문체는 매우 매운맛.

"건축 이야기는 왜 쏙 빼놓고 쓰는 건데요?"

"그건 늬들이 해. 난 그렇게 안 배웠어."

용재 선생 입에서 나온 이야기치고는 참 의외다 싶었다.

반골의 탈을 쓰고 있지만, 은근히, 아니 대놓고 보수적인 용재 선생은 요즘처럼 자기 글이 많은 사람에게 말마따나 일파만파 영향을 미치는 걸 보고, 핸들 잡은 손에 힘이 더 꽉 쥐어질지 모른다. 발발이 제주 갔을 때, 선생님 이하 발발이 태우고 운전하는데 단 한 잔도 불허하노라 끝내 입에 대지 않은 소주처럼. 그러다 이제 밤낮 운전해야 하니, 좋아하는 소주와는 영영 이별이겠군.

건축 비평을 본업으로 삼고 있으니 건축을 비평하긴 해야 하겠는데, 한 가지 넘어야 할 산이 있어 보인다. 스스로를 가둔 레퍼런스의 감옥.

설계자는 그 건축의 레퍼런스인가. 설계자로부터 자유로운 건축은 존재하지 않는가. 건축 비평은 설계자의 의도를 읽어내는 것에 다름 아닐 뿐인가. 설계자의 의도와는 관계없이, 스스로의 생명으로 다시 살아가는 건축에 관한 이야기는 불가한가.

역사와 배경은 그 건축의 레퍼런스인가. 역사적 사실의 무대가 아닌 건축은 이야기의 소재로 삼지 못하는가. 히스토리 없는 건물로도 감동적인 스토리를 만들 수는 없는가. 건축은 아직도 대한민국 1퍼센트를 위한 것인가. 특별할 것 없는

99퍼센트의 히스토리 없는 건물들은 영영 건축 비평의 대상에 낄 수 없는가.

우리는 진정 레퍼런스로부터 자유로울 수 없는가.

이제 종합할 때가 왔다.

용재 선생의 비평에 등장하는 건축은 아트, 섬싱(something), 낫싱(nothing)으로 나뉜다. 짐작하겠지만, 아트에 관한 글은 삼박자 고루 갖춰 글도 훌륭해진다. 섬싱 편은 주로 비하인드 스토리가 대거 등장하고, 낫싱 편에는 뜬금없는 시 혹은 유행가 가사, 마무리로 사자성어가 난무하는 편이다. 그러니 글감을 선택하는 것이야말로 현재의 용재 선생 최대의 과업인 셈이다. 바라기로는 그 선택에 글이 영향을 받지 않는 것이긴 하다.

대우탄금. 정말, 많은 이야깃거리를 가진 사자성어 맞긴 맞다.

요리조리 뜯어보니, 이리저리 해석 가능한 묘한 네 자의 조합이긴 하다.

소와 거문고. 한동안 붙잡고 생각해볼 만한 주제다.

그런 점에서, 용재 선생은 정말 탁월한 비평가일지 모른다.

소를 여물 냄새로 꼬드겨 거문고 소리에 경도되게 하는 것이야말로, 진정 그가 원하는 바인가.

여물 달라, 홀라 홀라.

김주원(인테리어 디자이너. 이몽기가 대표)

✢ ✢

딸과 떠나는 성당 기행
✝

지은이   이용재

1판 1쇄 펴낸날   2010년 1월 4일

펴낸이   이영혜
펴낸곳   디자인하우스
            서울시 중구 장충동2가 162-1 태광빌딩
            우편번호 100-855 중앙우체국 사서함 2532
대표전화   (02)2275-6151
영업부직통   (02)2263-6900
팩시밀리   (02)2275-7884, 7885
홈페이지   www.design.co.kr
등록   1977년 8월 19일, 제2-208호

편집장   김은주
편집팀   장다운
디자인팀   김희정

디자인   박우혁 www.typepage.com
교정교열   이정현

영업부 윤창수, 정윤성, 백규항, 이용범, 고세진
제작부   황태영, 이성훈, 변재연
출력 · 인쇄   (주)중앙문화인쇄

Copyright ⓒ 2010 by 이용재
이 책은 (주)디자인하우스의 독점 계약에 의해 출간되었으므로
이 책에 실린 내용의 무단 전재와 무단 복제를 금합니다.
(주)디자인하우스는 김영철 변호사 · 변리사(법무법인 케이씨엘)의 법률 자문을 받고 있습니다.

ISBN 978-89-7041-530-7

값 13,800원